JN410785

# 똥개는 짖어도 열차는 간다

글 _ 유도형
그림 _ 김이흔

문예원

## 글쓴이의 말

빠알간 커피잔을 들고 창가에 섰다.

노랗게 물든 은행잎이 창공에서 날아와 유리창으로 살포시 내려앉는다. 마치, 중년의 농후한 여유로움에서 느끼듯 짙은 향기를 내뿜으며.

따사로운 햇빛에 진한 갈색 커피향이 코끝을 자극한다.

이 산문집에는 우리의 일상 속에서 건져 올린 진솔하고 소박하고 꾸밈없는 이야기들을 담았다.

특히, 세상살이의 각박함에 시달리는 씁쓸함보다는, 인간미 넘치고 화기애애한 삶의 모습들에서, 우리들이 한번쯤 고개를 끄덕이며 함께 공감할 수 있는 사연들로, 독자들의 마음을 열고 미소 짓게 하고 싶은 마음이다.

잠시 쉬어가는 시간, 잠시나마 세상 사는 은밀한 이야기들을 누구나 엿들을 수 있게, 오늘도 나는 또 그렇게 세상 사는 사람들의 소박한 이야기를 하나 둘 바구니에 담는다.

2017년 10월의 마지막 날
유도형 씀

# 차 례


글쓴이의 말 2

1. 강아지 유치원 7
2. 건망증과 치매의 구분 11
3. 두부장수를 조심하시오 16
4. '드라이버'가 뭐냐? 21
5. 똥개는 짖어도 열차는 간다 28
6. 매력적인 사람들 35
7. 목욕탕의 진풍경 39
8. 미인美人 43
9. 벚꽃과 무궁화 48
10. 봄의 풍경, 민화民畵 52
11. 사추기思秋期 사랑 57
12. 시발노무색기始發奴無色旗 66
13. 시벌로마施罰勞馬 70

14. 여자의 본심 75
15. 우아한 품위 81
16. 이 시대의 숨은 영웅 85
17. 똥구덩이 터진 날 90
18. 조온마난색기趙溫馬亂色期 97
19. 주꾸미와 냉이 103
20. 차 한 잔의 여유 108
21. 첫날밤에 ~~~ 그냥 잤네 112
22. 취업깡패 117
23. 키스타임 121
24. 믿을 만한 태몽 125
25. 한 지붕 두 여인 135
26. 왕년의 화류계 140
27. 효도랍시고 145

*01*

# 강아지 유치원

몇 년 전, 서울에 사는 지인으로부터 딸이 죽었다는 부고장이 도착했다. 발인은 3일 후에 있을 예정이란다. 깜짝 놀라서 전화를 했더니, 울음 섞인 목소리로 "우리 파랑이가 뺑소니 교통사고로 오늘 새벽에 죽었는데, 아직 범인을 잡지 못했어요."라면서 구슬피 통곡을 했다.

얼마나 슬플까? 마음이 아팠고, 나는 발인 전에 들러야겠다고 마음을 먹고서 차를 몰았다.

3시간에 걸쳐 도착한 곳은 커피숍 비슷한 장소에 '하늘

반려장례식장'이라고 씌어 있었다.

이상한 장례식장이라고 고개를 갸우뚱거리며 들어서자, 지인은 얼마나 울었는지 눈이 퉁퉁 부은 채 나를 보며, 왔느냐는 식으로 아는 체를 했다.

"아니 그래, 어쩌다가 교통사고를 당한 거예요?"

내가 말끝을 흐리자 지인은 또 슬픔이 밀려오는지 계속 울어댔다. 조문 온 사람들이 하얀 봉투를 부의함에 넣고 목례를 하면서 지나갔다. 내가 지인의 딸 얼굴을 보려고 다가가자 웬 흰색 강아지의 사진이 영정사진으로 앉혀 있었다. 나는 순간 당황을 했다. 주위를 둘러보니 입관부터 시작해서 수의에 대한 설명에 금액까지 상세하게 적혀 있었다.

부고장은 강아지의 죽음을 알리는 거였단 말인가? 참으로 어이없고 웃지 못할 광경이 아닐 수 없었다.

그런데, 얼마 전 신문을 보다가 이번에는 강아지 유치원이 있다는 것을 보고 깜짝 놀랐다.

"멍순아, 유치원 가야지? 얼른 일어나서 유치원 갈 때 입을 옷과 간식 챙겨야지요?"

강아지를 유치원 보내면서 차량에 태우기 전 강아지 보호인의 멘트란다. 시간 맞추어 스쿨버스에 태워야 하기 때문에 마치 자녀들 유치원 보내듯 열성적인 일명 '강아지 엄마'는 멍순이를 데리고 스쿨버스에 도착을 했다. 그리고는 강아지 엄마들끼리 모여서 서로 강아지에 대한 의견을 터놓고 각자의 자식 자랑하듯이 강아지에 대한 자랑을 하는 것이다.

강아지 유치원은 입학시험과 수업 시간표까지 따로 있을 정도로 진짜 유치원 같은 모습을 띄고 있다. 강아지 유치원들은 한 달 수업료가 대학 등록금 수준이지만 자리가 없어 입학하기가 쉽지 않다고 한다. 정말 기가 막힌 것은 빨간 유치원 가방을 등에 메고 파란 모자를 쓰고 유치원 교복으로 곱게 차려입은 채 엄마 품에 안겨 유치원에 가는 모습이 가관이다. 강아지 유치원에 가면 놀이기구부터 시작해서 '하루일지', '반달수첩'에 오늘은 어떤 음식을 먹고, 어떠한 강아지와 가장 친하게 지냈으며, 어떠한 행동을 배웠는지 상세하게 적어주는 '피드백 서비스'까지 해주고 있다고 한다.

독일의 부잣집 개는 천연바이오 고기와 유기농 채소를 먹고 살며, 주인이 같이 놀아줄 시간이 없어서 호텔에 맡겨질 경우에는 5성급 개 호텔에서 독방은 물론, 친구 개가 올 것을 고려해서 2견용 침대와 개별 발코니, 정원 등을 사용할 수 있는 호텔에 맡긴다고 한다. 개들의 더욱 안락하고 행복을 위한 헤어사롱이나 목욕, 그리고 개인 트레이너를 이용할 수 있는 '고급 개 호텔'이라고 하니 점점 개들의 왕국이 아닐 수 없다.

새집으로 이사 갈 때, 남편 분은 애완견만 안고 있으면 쫓겨나지 않는다고 한다. 우리는 언젠가부터 부잣집 개만도 못한 인간으로, 개보다 못한 대접을 받으면서 살아가고 있다는 착각을 할 정도로 씁쓸할 때가 있다. 인간보다 그만큼 애완견에 대한 지위나 권리가 늘어난 것일까? 아니면, 인간이 개보다 쓸모가 없는 존재가 되어버린 것일까?

*02*

# 건망증과 치매의 구분

댁은 뉘시오?"

할아버지가 평생을 함께 한 할머니를 보고 부인이라는 것조차 기억을 못하고 하는 말이란다. 우리는 이 말을 듣고 재밌는 유머라고 박장대소를 하며 웃어댔다.

그렇지만, 박장대소를 하면서 웃을 일인가?

얼마 전, 라디오에서 부인의 건망증 때문에 대낮부터 술을 한 잔 마시고 고민 상담을 하는 남자의 이야기를 들었다. 남자의 말로는 부인의 건망증 증세가 날로 심각해져 가고 있다는 것이다. 남자의 부인은 건망증이 너무 심한 나머지 본인이 지갑을 장롱 속에 넣어놓았지만 그걸 까마득히 잊은 채 자녀들만 도둑으로 몰아가면서 난리를 쳤다고 했다. 온 집안을 뒤져서 지갑을 찾는 난리소동이 있었고, 아이들은 도둑으로 몰린 것에 대해서 불만을 터뜨리며 억울해했다고도 했다.

그리고 어렵게 장롱 속에서 지갑을 찾았을 때에는 누가 본인 지갑을 장롱 속에 숨겨놓았냐? 라면서 억지를 부리는 부인 때문에 행복했던 가정생활에 불화가 일어났다고 한다. 힘들어하는 그 남자를 보면서 정말로 심각한 고민이겠다 싶었다.

어느 할머니가 해외여행을 가면서 여권을 잘 챙기라고 신신당부하는 가이드의 말을 듣고 고쟁이에 커다란 앞주머니를 직접 만들어 그 속에 돈이며 여권을 잘 넣어 두었다. 여행을 무사히 마치고 귀국하기 전에는 여권을 꼭 챙겨오라는 얘기도 있던 터라, 밤새 여권을 잘 챙기겠다는 신념에 속옷 속에 잘 넣어두고 잠을 청했다.

아침에 일어나서 가방이며 선물 등 준비를 완벽하게 잘한 다음 공항에 도착했다.

출국 수속을 밟기 위해서 가이드가 여권 어디 있느냐고 물었을 때, 할머니는 고쟁이 앞주머니를 만져보고는 묵직한 것이 만져지지 않은 것에 대해서 여권을 잃어버렸다고 난리가 났다.

물론 같이 간 일행들은 황당해했고, 여권 분실에 대해서 걱정을 해주는 등 도대체 어디에서 빠졌는지 잘 기억해보라고도 했다. 분명히 속옷 앞주머니에 넣어 두었다고 우겨대는 할머니를 모시고 가이드는 화장실로 갔다.

다행히 잠시 후 긴장이 풀린 듯한 환한 얼굴로 가이드는 할머니 손을 붙잡고 나왔다.

"여권 찾았어요."

"다행이네요. 어디에서 찾았어요?"

"할머니 보물창고에서요."

가이드와 함께 화장실에 가서 할머니 옷 전체를 뒤져보니 주머니 달린 고쟁이가 앞과 뒤가 바뀌어 있었다.

그러니까 그 날 할머니의 고쟁이는 주머니가 뒤에 있었던 것이다.

이웃집 어느 젊은 여인의 건망증은 이랬다.

남편이 집에 들어와서 왜 이렇게 전화를 받지 않느냐고 따져 물었다. 집에 전화벨이 울리지 않으니 전화를 받지 않은 것은 당연했다. 그런데 무선전화기가 꽂혀 있어야 할 곳에 전화기가 보이지 않았다.

그 여인이 곰곰이 생각해 보니 마트에서 생필품을 사가지고 왔을 때, 봉투에 넣어 생필품과 함께 전화기를 냉장고에 넣어둔 것을 생각해냈다.

그래서 태연하게 말했다.

"으응, 전화기 냉장고에 넣어 뒀지."

"왜? 완전 치매고만."

그 여인은 냉장고에서 꺼낸 전화기를 드라이기로 말려서 잘 쓰고 있다면서 웃음을 자아냈다.

그렇다면 나는 어떤 증상일까?

"이상하다? 내 여권을 분명히 가방 속에 넣은 것 같은데……. 비행기 내에 떨어뜨렸나 보네. 이를 어쩌지?"

비행기 내에서 공항에 제출할 서류를 작성하다가 여권 번호가 필요해서 잠시 꺼내서 적은 다음, 바닥에 아무래도 흘린 것 같다면서 당황해했을 때 옆에 있던 정의의 용사가 나를 데리고 뛰었다.

땀을 뻘뻘 흘리면서 안내 데스크에 찾아가 상황 설명을 하면서, 탑승했던 비행기로 돌아가려면 어떻게 해야 하느냐고 묻자, 탑승했던 비행기로 가는 출구로 안내했다. 정의의 용사는 급하게 숨을 몰아쉬며 직원에게 여권분실에 대해서 설명하고 바닥에 있을 거니까 가져다 달라고 말해 놓고는 한쪽 구석에 서서 초조하게 기다렸다. 그러다가 내 가방 한쪽을 열어보니 가방 속에 여권이 고스란히 들어 있었다.

나는 여권을 본 순간 숨을 헐떡거리며 동행해준 정의의 용사에게 염치없고 미안하기도 해서 피식 웃었다.

건망증과 치매의 구분은 어떻게 다를까?

건망증은 자신이 한 행동에 대해서 기억해내는 것이고, 치매는 자신이 한 일에 대해서 전혀 기억을 못하는 것이 아닐까 싶다.

최근 여성들의 건망증 증세가 증가하면서 혹시 서서히 진행되는 치매증상이 아닌가 싶어 덜컥 겁이 나기도 한다.

## 03
# 두부장수를 조심하시오

꽃피는 춘삼월, 시골 한적한 저택에서 화려하지는 않지만 지인의 두 번째 결혼식에 초대되어 참석했다. 새신랑의 친구 분들은 새신부의 곱게 차려입은 모습을 보고 부러움의 대상이 되었다. 특히 새신랑과 새신부의 나이 차이가 20여 살 정도로 상당했기 때문에 더욱 더 그랬다. 게다가 새신부는 선녀처럼 곱고 예뻤다. 물론 새신랑도 나이는 숫자일 뿐이라는 말이 실감날 정도로 나이에 비해 젊음이 넘쳤다. 같이 간 일행들은 질투 섞인 목소리로 한마디씩 했다.

"새신랑 입이 귀에 걸렸네. 저리도 좋은가?"

"이 사람아, 적당히 티 나게 하시게."

새신랑의 지인들은 나와서 앞으로 잘 살라고 한마디씩 덕담을 했다.

나는 두 부부를 보면서 씨익 웃고는 한마디 했다.

"아무래도 두부장수를 조심하셔야 할 것 같은데요?"

"그건 또 무슨 말인데? 왜 두부장수를 조심해야 해?"

모두들 의아해서 내게 되물었다. 그들에게 나는 왜 두부장수를 조심해야 하는지 이야기 보따리를 풀었다.

연세가 80 가까운 할아버지가 20대 처녀와 결혼을 하겠다고 자식들에게 선포식을 하자 난리가 났다. 또 주위에서는 처녀가 할아버지의 재산을 노리고 결혼을 하는 것이라고 수군거렸다. 그럼에도 불구하고 할아버지와 처녀는 결혼을 하였다.

그런데 결혼한 지 한 달여 만에 그만 할아버지가 돌아가시고 말았다. 아무래도 신부가 재산을 노리고 할아버지를 살해한 것 같다고 주위에서 의심을 하기 시작했고, 수사를 철저히 해달라며 소란을 피웠다.

형사가 찾아와서 어쩌다가 돌아가셨는지 캐물어도 신부는 도통 말이 없었다.

"이봐요 색시, 당신이 말을 안 하면 살인자로 몰리게 되니 상세하게 말 좀 해봐요. 그렇잖으면 당신을 살인죄로 체포하겠어요."

그래도 신부는 대답을 하지 않고 망설이며 애꿎은 치맛자락만 만지작거리며 불안해하는 것이, 아무래도 주위 사람들의 의심을 더욱 더 증가시키기에 이르렀다. 할 수 없이 형사는,

"당신을 살인죄로 체포하겠으니 경찰서로 함께 갑시다."

하고는 수갑을 채워서 경찰서로 데리고 갔다. 밤새 조사를 했지만, 도무지 말을 하지 않던 신부가 새벽녘이 되어서야 입을 열었다.

"저…기요, 사실은요. 결혼하고 나서 사랑을 할 때 아침마다 교회 종소리 땡그렁 땡그렁 소리에 맞추어서 했거든요. 그런데 그 날 아침에는요, 갑자기 두부장수가 와서 딸랑딸랑딸랑~ 하는 바람에 그만……."

숨이 차서 돌아가셨다는 것이다.

최근 이혼율도 많아졌지만, 새로운 인생을 찾아 재혼하는 사람들도 많아졌다.

일부일처제인 우리나라의 경우, 한 번 결혼하면 상대가 좋든 싫든 평생을 함께 살려고 하는 것에 대한 불만은 절반에 가깝다.

그럼에도 쉽게 이혼을 못하는 경우는 자녀나 가족의 연결고리 때문에 그렇다고 한다. 가정폭력, 언어폭력의 가장

큰 원인은 상대방이 맘에 들지 않기 때문에 싸움이 잦아져서 생기는 일종의 병에 가까운 집착이다.

과연 그들의 마음속에는 헤어지고 싶어서 싸움을 걸어오는 것인지, 아니면 가정을 파탄내고 싶어서 싸움을 지속적으로 하는 것인지 도저히 이해가 안 가는 부분이 많다.

또 가정폭력에 시달리다가 이혼을 요구하거나 헤어지는 게 낫다고 말을 하거나 하면 더욱 심한 폭력이 대기하고 있다. 그래서 우리나라의 여성들은 대부분 참고 사는 경우가 허다하다. 물론, 상호 노력하며 사는 부부들도 있지만, 도저히 노력해도 안 되는 부부들은 서로가 더 많은 상처를 받기 전에 각자의 삶을 선택해서 행복하게 살아갈 자유는 있는 것이다.

존속살인이 점점 증가하는 이유도 억지주장 내지는 일방적인 폭력으로 인하여 참을 수 없음에 저지르는 범죄이기 때문이다. 새로운 출발로 앞으로의 미래를 설계하는 데 있어서 행복할 수 있다면 나는 그 선택이 옳다고 생각한다.

매일 반복되는 생활 속에서 찌들어진 사고와 비전 없는 현실 안에 불행의 씨를 안고 사는 것보다는 나를 감싸주고 지켜주는 사람이 있다면, 새로운 출발을 하는 것이 훨씬 낫지 않을까 하는 생각이 드는 것은 그들에 대한 동정심일까?

사람은 누구나 행복할 권리가 있다.

체면 때문에 참고 살아가는 것보다 본인 인생을 행복해질 수 있도록 책임지는 것 또한 자신의 과제다.

오늘 새 출발하는 저 부부들은 평생 아름답게 사랑하면서 서로를 위해주며 아껴주는 동반자가 되기를 바란다.

그리고, 반드시 장수하려면 두부장수는 조심해야 할 것이다.

*04*

## '드라이버'가 뭐냐?

"유 회장, 골프 쳐요?"

"골프는 치는데요, 아주 많이 쳐요."

"몇 타 치는데요? 80대 후반이나 90대 초반 쳐요?"

"아니요? 재수 좋으면 110개 치고요, 잘 안 받으면 120개 정도 치는데요?"

"아니 거짓말을 해도 정도껏 하셔야지. 110개 이상 치는 사람이 어떻게 라운딩을 나갑니까? 말도 안 되지."

"어머나, 정말인데. 그냥 재미나게 즐기고 온다 생각하고 무조건 나가는 겁니다. 그래도 지금은 민폐는 끼치지 않고 그럭저럭 따라다닐 만하다고 하네요."

몇 년 전, 나는 골프를 치지 않는다는 이유로 어느 여성에게 노골적으로 무시를 당한 적이 있다. 그리고 모임자리에서도 자연스럽게 골프에 대한 이야기가 나올 때면 골프 용어와 룰을 몰라서 외국인들과 함께 앉아 있는 느낌 때문에 자리가 어색할 정도로 무안했다.

15년 전, 한창 골프를 배우는 붐이 일었을 때 골프를 조금 배우다가 재미없는 것 같아서 그만둔 뒤로 다시는 골프 같은 것은 배우지 않겠다고 장담을 했었는데, 다시 골프를 배워야 할 것 같은 생각에 어쩔 수 없이 골프를 다시 배우기로 마음을 먹었다.

할 수 없이 골프 연습장에 등록을 하고 나서 골프채를 구매하고, 일주일 정도 7번 아이언으로 연습을 하는 중에,

"혹시 오늘 연습생들 미니골프장에 가서 연습할 건데 한번 따라가 볼래요?"

프로는 내게 연습생들을 데리고 실전연습인 9홀 라운딩을 나가기로 했다면서, 시간 있으면 어떤 방식으로 하는지 구경만 해도 되니 참석해 보겠느냐는 제의를 했다. 그래서 나는 7번 채인 아이언만을 가지고 무작정 따라 나섰다.

프로는 연습생들에게 골프장에서의 매너에 대해서 세세히 알려주면서 연습을 시켰다. 나는 골프장에 한 번도 가

보지 않았기 때문에 정원이 참 예쁘다고만 생각했다. 그리고 프로를 따라서 몇 가지 연습을 하고 나니 9홀이 끝났다. 그러자 골프도 별것 아니라는 생각이 들었다.

별것 아니라는 생각에 그 자리에서 친구들에게 전화를 하여 다음 주에 당장 필드를 잡아도 되겠다고 연락을 했다.

"야! 너 그 동안 연습 많이 했구나! OK! 그럼 우리들이 머리를 올려 주마."

"골프 별거 아니고만 느그덜은 왜들 그리 호들갑을 떠냐?"

친구들은 아마도 일주일 연습하고 필드를 나올 거라는 것은 상상도 못했을 것이다. 같이 라운딩을 나가기로 한 전주에 사는 친구가 내게,

"야, 너 골프 옷은 있냐? 없으면 사러 가야지. 여자는 옷을 잘 입어야 해."

하면서 나를 골프 옷 판매장으로 이끌었다.

처음 골프 치는 사람이니까 이것저것 기본적으로 살 것이 많다면서 한 보따리를 골라주었다. 나는 집에 와서 이 옷 저 옷 입어보면서 다음 주에 골프를 치러 갈 기대를 걸고 있었지만, 배짱 좋게 연습은 하나도 안 했다.

드디어 내게 머리를 올려 준다고 친구들이 벼르고 있던 날, 나는 골프 옷만은 싱글 복장을 하고 당당하고 씩씩하게 나타났다.

"와우~! 제법 티가 나는데?"

내게 악수를 청하던 우리 팀은 자연스럽게 카트를 타고 출발했다.

처음 티샷을 멋지게 한 친구들이 내게 와서 그 동안 배운 솜씨를 실컷 발휘하라고 하면서 옆에서 지켜보기에, 나는 자연스럽게 7번 채인 아이언을 들고 당당하게 나섰다. 친구들 눈이 휘둥그레지면서 내 옆에 와서 귓속말로 속삭이듯 한마디 한다.

"야! 드라이버로 쳐야지."

"응? 야, 드라이버가 뭐냐?"

내가 드라이버가 무엇인지도 모르는 상태에서 라운딩을 나간 것을 친구들이 알고 난리가 났다.

"아이고 저 무식이 용감한 년! 드라이버도 모르고 골프 치러 왔냐?"

"에고에고, 내가 못살아."

친구들은 그 날, 나에게 골프를 무시했다면서 깎듯이 골프 선배님으로서 모셔라 했고, 골프 기본 예법부터 시작해서 무조건 뛰어다니기, 무조건 먹거리 챙겨오기 등 많은 것을 가르쳤다. 이후 연습 없이 서너 번 더 나갔다가 더 이상 창피해서 필드를 나가지 못한 채, 그 뒤로 연습한다는 이유로 배짱 좋게 1년을 또 쉬었다.

그런데 최근 현실적으로 정말 골프를 배우지 않고는 더

이상 버틸 수 없는 상태가 되자, 용기를 내어 또다시 골프 연습장에 등록을 하고 연습을 했다. 그런데 업무적으로 바쁘다 보니 연습할 기회가 없고 연습할 시간도 없어서 또 중도에 그만두었다. 그저 한 달에 두어 번 정도 지인들과의 필드만으로 서서히 몸에 맞게 익혀가고 있는 실정이었다. 자연을 벗 삼아 운동한다 생각하고 즐기면서 여유를 가지며 치고 싶지만, 팀원들에게 민폐를 끼칠까봐서 항상 미안했다.

곧 죽어도 깨갱한답시고 나는 어김없이,

"이제부터 본격적으로 치려고 했는데, 아쉽게도 마지막 홀이네. 하하하~!"

같이 간 일행을 한방에 보내는 이 말 한마디를 날리면, 어느 새 18홀이 끝나고 만다.

어느 지인은 내게 말하기를 100타 이상을 치려면 필드에 나오지 않는 것이 상식이라면서 자꾸 핀잔을 주는 바람에, 내게는 즐기는 스포츠가 아니라 스트레스 받는 스포츠가 되어버렸다. 골프라는 것을 공놀이쯤으로 처음부터 쉽게 보고 우습게 본 대가를 호되게 치르고 있는 중이다. 그리고는 정말 골프가 어렵다는 생각을 했다.

삼성그룹 이건희 회장님이 '자식과 골프는 맘대로 되지 않는다' 라고 했다는데, 그 말이 실감이 난다.

그러면서도 시간이 허락되지 않아 골프 연습장에 가서

연습할 시간도 없으나, 무식이 용감하게 또 필드를 나가 씩씩하게 뛰어다니며 자연과 함께 하고 있는 나 자신을 어느 새 발견하게 된다.

최근 한국 프로골프 선수들의 활약이 미디어를 통해 매일 전해지면서 사람들 사이에 골프가 익숙해졌다. 현재는 골프가 대중화된 스포츠의 시작이라고 한다. 더구나 스크린 골프장이 동네마다 등장하면서 골프의 대중화가 기정 사실처럼 되었다.

하지만, 아직 대한민국에서 골프의 대중화는 되지 않았다.

정확히 말하면 '골프'라는 용어만 대중화되었을 뿐 골프를 치는 건 그렇지 않다. 더구나 외국에 비해서 우리나라는 턱없이 필드 나가는 비용이 많이 드는 나라다.

일본은 2013년 기준 그린피와 카트비는 약 5만원이며, 카트비와 캐드비도 의무사항이 아니다.

그런데 한국은 일본의 2, 3배의 비용을 지출하며 8분 단위로 필드에 입장하게 되면서, 돈은 지불하지만 최소한의 자유를 보장받지 못하면서도 세계에서 가장 비싼 골프 비용을 내는 게 한국골프의 현실이다. 그러다 보니 골프를 해외에 가서 즐기는 사람들이 많이 늘어나고 있으니 장기적으로는 경제적 손실이라는 생각이 든다. 분명한 건 '언젠가 골프는 대중화가 된다' 라는 사실이다.

골프라는 스포츠에 사람들이 중독되는 것을 보면 골프는 확실히 매력이 있는 운동인 것만은 확실한 것 같다.

## 05
## 똥개는 짖어도 열차는 간다

호남평야를 달리는 창 너머로 푸른 물결이 일 듯한 풍광을 보면서 청보리 밭에서 보리피리 불던 동네 친구들이 생각났다. 한참 옛 시절을 회상하며 가고 있는데 라디오에서 기가 막힌 명언이 흘러나왔다.

"똥개는 짖어도 열차는 간다."

그 말이 우스워 무슨 말인가 싶어 잠시 귀를 기울였다. 굵직하고 흥분된 목소리의 남성의 이야기인 즉, 자신에 대해 엄청난 험담을 하고 다니는 사람 때문에 신경이 쓰인다는 것이다. 사실 나쁜 말은 듣지 않으면 그만이지만 이미 귀에 들어온 그 자체가 문제인지라, 나쁜 말을 짖어댄 똥개에게 온 신경을 쓸 수밖에 없는 이유가 참으로 한심하다고 했다.

그러니까 똥개가 짖어대든 말든 무시해버리면 그만이겠지만, 한 마리의 똥개가 짖어대기 시작하면 이웃집 똥개도 덩달아 짖어대기 때문에 시끄러워서 신경을 쓸 수밖에 없다고 한다.

똥개들이 짖는 이유는 상대가 무서워서, 혹은 불안하다고 여기면 짖어댄다고 한다. 그리고 똥개는 자신이 타고 있는 자전거나 킥보드가 대단하다고 느끼며 뽐을 내고 다니다가, 명견이 자동차나 열차를 타고 가는 것을 보면 그게 못마땅해서 또 짖어댄다는 것이다.

그러나 아무리 똥개가 짖어대도 열차는 가는 것이고, 닭 모가지 비틀어도 새벽은 오는 것처럼 상대가 심하게 험담을 해도 세상은 변하지 않고 흘러가는 것이다.

어느 날, 소형아파트 단지 슈퍼 앞에서 덩치가 큰 여성 둘이 머리 끄댕이를 잡아당기며 씩씩대고 있다.

지나가는 사람들은 하나 둘 무슨 일인가 싶어서 걸음을 멈추었다.

나는 그 광경을 보고 한쪽 구석에 자동차를 주차시키고 나서 슈퍼에 물건을 사러온 것처럼 가까이 접근하며 두 여인의 얼굴을 처다봤다.

"야 ××년아, 너나 잘해. 꼴 같지 않은 주제에 말이라고 무조건 내뱉으면 말인 줄 아냐."

"이거 안 놔? 아야! 아파, 이년아! 내가 뭘 어쨌다고 지랄이야."

"어랍쇼? 적반하장도 유분수지. 니가 나에 대해서 뭘 안다고 험담하고 다니냐, 이년아. 이 나쁜 ××야!"

"누가 그러더냐! 삼자대면하자."

"××년아, 니가 험담하고 다니는 것 이 동네 사람들이 다 안다, 이년아. 얼마나 눈꼴사나우면 나한테 말들을 전했겠냐, 이년아. 너 오늘 나한테 맛 좀 봐라!"

한 여성이 상대의 험담을 여기저기 가는 곳곳마다 하고 다녀 상대를 화나게 한 결과의 한 장면이었다.

나 또한 어느 여인으로부터 수없는 험담으로 인하여 난감했던 적이 있었다.

여성경제단체는 다양하다. '여성경제인협회'가 있는가 하면 , '여성기업인협의회'가 있다.

여성경제인이라는 말은 '경제활동을 하는 모든 여성'을 통틀어 지칭하는 것이고, 여성기업인이라는 말은 '직접 기업을 경영하는 여성'으로 정의할 수 있다. 나는 여성경제인협회의 단체장을 역임한 후 곧이어 여성기업인단체를 설립한 바도 있다. 그러나 여성경제인단체장을 했기 때문에, 같은 지역에서 여성기업인단체 설립에 대해서는 말도 많았고 탈도 많았다.

심지어 중소 기업청 지방청장은 여성경제인단체 이외에는 어느 행사든 참석도 하지 않을 것이며, 아무런 혜택도 줄 수 없다고 대놓고 반대했다. 유사 명칭이라고 사단법인 설립도 허용하지 않고 거절하였으며, 명칭을 바꾸겠다고 해도 이를 거절하였다.

국민신문고에 항의를 했으나 지방청에서 거절했기 때문에 어쩔 수 없다고 했다.

이러한 내용을 빌미로 삼아 그녀는 나에 대해서 근거 사실도 없는 유언비어를 만나는 사람마다 메시지나 구두로 험담을 하고 소문을 퍼뜨리고 다녔다.

그 유언비어를 듣고 그 말이 사실인 것으로 믿고 있는 사람이 있는가 하면, 나를 아는 사람들은 내게 메시지 내용을 보여주면서 이런 식으로 악독하게 모함하고 다니고 있으니 조심하라고 조언을 해 주었다. 진실은 언젠가 밝혀지게 될 것이기 때문에, 나는 그 진실에 대해서 변명하려고 애쓰지 않았다.

어느 행사장에서 나를 유심히 지켜보던 어느 분이 내게 와서,

"당신이 그 유명한 유 회장이 맞아요? 만나 보니 전혀 아닌데 내가 남의 말만 믿고 실례를 할 뻔했네요. 참 미안한 생각이 드네요."

이렇게 말하고는 명함을 건네주었다.

그녀는 나에 대해서 어떤 식으로 어디까지 비판을 하고 다녔는지 알 수 없지만, 나보다 나를 더 잘 아는 사람인 것처럼 떠들고 다녔고, 그녀가 내뱉는 험담은 지속적으로 끝이 보이지 않았다.

참다못해 내가 그녀에게 말했다.

"무엇 때문에 근거도 없는 말로 나를 그렇게 괴롭히는 거죠? 나를 험담하고 다녀서 당신에게 이득 되는 게 뭐가 있길래 그러느냐구요?"

그녀는 전임 회장이라면서, 같은 지역 안에 유사한 단체를 만들면 안 되는데 그러한 행위를 했기 때문에 그랬다고 했다. 더 이상 괴롭히지 말고 본인의 업무에 충실하라고 말을 건네고 나서야 잠잠해졌다.

헛소문만을 만들고 그 헛소문을 사실인 양 믿어가며 덩달아서 경거망동하게 남의 험담을 하고 다니는 자도 있다. 이를테면 상대방을 직접 만나지 않은 상태로 그 사람이 어떤 사람인지 잘 알지도 못하면서 마치 그 사람에 대해서 잘 알고 있는 것처럼 말하는 사람들이다. 참으로 가관은 그런 사람들인 것이다.

험담을 하는 것은 살인보다도 위험한 것이라는 말이 있다. 살인은 한 사람만 상하게 하지만 험담은 세 사람을 헤치는 결과를 가져온다.

첫째는 험담을 하는 자신이요.

둘째는 그것을 반대하지 않고 듣고 있는 사람들이며, 셋째는 그 험담의 화제가 되고 있는 사람이다.

남의 험담을 하는 것은 결국 자기 자신의 부족함만 드러내고 마는 결과를 가져올 뿐이다.

〈사람들은 왜 험담을 할까?〉라는 제목으로 사이토 이사무 씨가 지은 책 속의 가장 인상 깊은 내용 중에 "험담은 필요악이며 효용도 크다. 하지만 지나치게 많이 사용하면 하늘을 향해 침을 뱉는 격이 되는 무서운 도구이다." 라는 말과, "험담을 통해 대상의 평가를 험담으로 끌어 내림으로써, 상대적으로 자기를 높이고 싶은 마음 때문에 험담을 하는 것이다."라는 말이 있다.

험담은 심리학적 견지에서 말하자면 엄연한 언어공격이다.

석가탄신일을 맞이하여 거리의 연등행사 행렬을 보니, 부처님께서 하신 말씀이 생각난다.

자신에 대해 험담을 아무리 많이 해도 꿈쩍도 하지 않은 채 덤덤한 모습을 하고 계시는 부처님을 보고, 제자가 "왜 참고만 계시느냐?"고 묻자 부처님은,

"험담하는 자의 말을 받아들이지 않으면 그 말이 누구에게로 돌아가겠느냐."라고 하셨다.

아무리 상대가 험담을 해도 본인이 그 험담을 받아주지 않으면 부메랑이 되어 험담한 사람에게 다시 돌아가는 것임을 일깨워주는 말씀이다.

험담을 일삼는 사람은 본인 자신도 다른 곳에 가면 험담의 대상이 되고 있다는 사실을 항상 염두에 두어야 한다.

*06*

## 매력적인 사람들

잿빛 콘크리트 아파트가 즐비하게 늘어선 골목 뒤 켠 2층에는 사랑방 같은 작은 카페가 있다. 어두침침한 실내에 호화스럽지 않고 은은한 조명불빛은 속내를 털어놓아도 얼굴 붉힘 없이 커버를 해줄 듯한 분위기다.

사랑방으로 냉큼 오라는 부름을 받고 잠시 들른 카페에는 귀에 익은 목소리의 여가수가 부른 유행가가 흘러나오고 있었다.

한쪽 테이블에 자리를 잡고 빙 둘러앉은 사람들 사이로 늦어서 죄송하다는 말을 꺼내고 자리에 앉자, 얼굴이 동글동글하고 눈에 장난기가 가득한 멤버 중 한 사람이,

"나는 오늘도 빼고, 박고, 심다가 왔지. 나한테 오면 어쩔 수 없이 내게 속을 보여야만 해. 속 들여다보면 지저분한 사람들이 많어. 그래서 가끔은 연장으로 갈기도 혀. 하하하."

하며 하얀 이를 드러내고 해맑게 웃으며 반갑다는 인사를 했다. 진북동에서 치과 병원을 운영하는 사람이었다.

"뭔 소리여. 나는 30년째 구멍만 들여다보고 구멍만 파다왔네. 우리 환자 중에 이름 대면 몰라도 구멍만 쳐다보면 누구인지 금방 알 수 있어 왜 이래."

이비인후과를 운영하는 분이 이에 뒤질세라 경쟁하듯 본인 이야기를 한다. 참석한 사람들을 한바탕 웃음으로 분위기를 고조시킨 두 사람은 욕쟁이 사제지간이라 했다. 욕쟁이 사제지간이라는 말에 의아해서 물었더니, 토속적이고 구수한 욕설로 대화하면서도 스승과 제자의 예는 깍듯이 갖추는 사이란다.

스승이 온갖 욕설로 주위사람을 장악하고 나서 잠시 자리를 비우면, 제자는 스승의 뒤를 이어 그 자리를 흐트러지지 않게 약한 욕설을 섞어가며 사람들을 빨아들인다. 이들을 보고 있노라면 고전해학 속 인물 중에서 오성과 한음을 닮았다는 생각을 해본다.

어렸을 때부터 희대의 말썽꾸러기에 골목대장이었던 이들이 결혼하고 나서도 끈끈한 우정으로 홍미 위주의 민담으로 전해져 구김살 없는 신뢰를 나타내니 낙관적이라고 할 수 있다. 어떻게 보면 '오성과 한음 이야기'는 민담적 요소가 강한 전설이라고 규정지을 수 있을 만큼 삶의 여유를 갖게 해주는 시원한 웃음을 제공하는 소화(笑話) 적인 요소가 많기 때문이다. 소화는 골계의 고향이고 계속 적인 공급처로서 우리의 생활을 윤택하게 하는 멋이 있기 때문이다.

욕쟁이 사제지간인 이들도 어려서부터 친구로 지내면서 장난이 심하고 기지가 뛰어나 수많은 일화를 남겼다는 이야기를 듣다 보면, 그 표현을 글로는 다 옮겨 놓을 수 없는 무궁무진한 내용들이라 우리는 늘 배꼽을 쥐어가며 한바탕 폭소를 터뜨린다.

그 정도로 우정이 두텁고, 주위 사람들로부터 인정받으며, 매력적인 사람으로 불려진다. '매력적이다'라는 말, 이 말을 듣는 것만큼 기분 좋고 행복한 일도 없을 것이다. 예쁘거나 멋지게 생긴 것도 아닌데 왠지 끌리는 자석 같은 사람이기 때문이다.

매력적인 것은 어느 날 갑자기 만들어지는 게 아니고, 인생을 급하게 단정 짓지 않고 늘 넓고 길게 보는 마음을 가지면서 해학적이고 유머 넘치는 사람이 매력적인 사람으로 보여질 것이다.

아무리 험한 산길이라도 매력적인 사람들과 함께 간다면 그리 힘들다는 생각은 들지 않을 것이다. 내가 처지면 앞에 가는 이가 손을 내밀 것이고, 앞사람이 멈춰서면 내가 뒤에서 밀어주면 되기 때문이다.

또, 여유와 휴식을 즐기면서도 일 할 때는 불꽃 같은 에너지를 발산하는 사람이어야 하고, 나보다는 다른 사람의 마음을 먼저 읽고 다가갈 줄 아는 사람이 되어야 할 것이다.

그래서 우리도 진정한 벗과 항상 매력적인 사람으로 남겨져 추억의 창고 속에서 어느 날 추억을 끄집어내어 만져보고 비벼보고 느껴보는, 그러한 인생을 멋지게 살아야 할 것이다.

*07*

# 목욕탕의 진풍경

주말에는 자연을 벗 삼아 낮은 산이라도 다녀와야겠다고 일정을 잡았었는데, 비가 내리는 바람에 그만두었다.

아침부터 저녁 늦게까지 줄기차게 내려붓는 비는 지저분한 잡동사니들을 한곳으로 쓸어내렸다.

방에서 뒹굴뒹굴 뒤척이며 죄 없는 리모콘을 들고 여기저기 TV를 켜도 맘에 드는 프로그램이 없고, 음악을 들어도 가슴을 찡하게 울리는 멜로디가 없다. 소설책을 읽어도 재미있는 대목이 없다.

무심코 거울을 들여다보니 머리는 제멋대로 여기저기 삐치어 어수선하고, 화장기 없는 얼굴은 서너 날 밥 굶은 사람처럼 꼴이 우스워서 목욕탕에 가야겠다고 벌떡 일어나 바구니를 챙겼다.

사우나 실에는 TV가 켜져 있고, 여성들이 여기저기 옹기종기 모여앉아 저마다 녹차며 커피 통에 얼음을 가득 채우고 한 모금씩 마시며 수다를 떨고 있었다.

나는 낯선 여성들과 함께 자리를 하지 않고 한쪽에 얌전히 앉았다. 그녀들은 매일 사우나 실에서 만나는 일행들인지 무척 친해 보였다.

"내가 우리 남편 때문에 못살아 정말! 술이 잔뜩 취해서는 장롱을 열더니 바지를 내리고 오줌 싸려는 것을 겨우 말렸다니까."

"그건 그래도 양반이네. 우리 남편은 옛날에 말야. 글쎄 아침에 밥을 먹으려고 전자 밥통 뚜껑을 열었는데, 밥알이 둥둥 떠 있지 뭐야. 그래서 왜 이렇게 밥통에 물이 있지? 이상해서 냄새를 맡아 보니까 글쎄, 밥통에다 오줌을 쌌더라고. 웩! 웩! 지금도 생각하면 넘어오려고 한다니까."

"밥통에다 왜 오줌을 쌌대요?"

젊은 여성이 이해가 안 되는지 이렇게 묻자,

"옛날에는 방에 요강이 있었거든. 밥솥이 요강인 줄 알고 착각한 것 같아. 에구, 그 놈의 술이 웬수지."

여성들의 이야기를 듣고 있자니 웃음도 나오고 재미가 있어, 땀이 비 오듯 쏟아지는 데도 참고 앉아 있었다.

그러자 또 다른 여성이 말한다.

"나는 우리 남편과 진탕 싸우고 술을 몽땅 먹었는데 진짜 기억이 안 나더라고. 근데 웃기는 것은 내가 우리 남편에게 처음에 화장실 가고 싶다고 졸라대더니, 글쎄 방바닥이 화장실인 줄 알고 앉아서 오줌을 싸려는 것을 아무리 말려도 끝까지 우기고 쌌다고 하대."

모두들 한꺼번에 박장대소를 하면서 신나게 웃었다.

사우나 실에 들어올 때 대부분의 여성들은 누구나 손에 들고 오는 것이 있다. 그것은 살을 빼는 도구들이다. 소금, 소 뿔각, 주걱, 커피, 녹차, 식혜, 부황 등등. 저마다 사우나 실에 앉아서 이러한 도구들을 이용해 살을 빼느라 열심이다. 입은 수없이 번갈아가면서 수다를 떨었다.

날로 심해지는 시어머니의 병수발로 힘들어 죽겠다는 이야기, 치매 걸린 친정아버지가 자꾸 없어져서 찾아다니며 속상해하는 딸, 몇 년째 집에서 취직 준비하는 자녀들의 취직 걱정, 30이 넘어서도 결혼할 생각 없는 아이들의 결혼 걱정하는 등.

그래도 손은 바쁘게 살 빼는 데 분주하다. 겨드랑이와 뱃살을 소금이나 주걱으로 문지르고, 어깨나 등이 결릴 때는 부황을 뜨면서 온탕과 냉탕을 왔다 갔다 하면서 매일매일 이들은 사우나 실에서 만나 수다로 스트레스를 푸는 것 같다.

최근, 가정주부들이 스트레스 때문에 술을 찾는 사람들이 많다고 한다.

스트레스를 푸는 방법 중에 술을 마시는 게 나을까? 아니면 우는 게 나을까? 라고 했을 때, 소리 내서 우는 것이 좋은 방법이라고 한다.

우는 것보다는 사우나 실에서 수다 떨며 즐기는 것도 하나의 스트레스를 풀어가는 그들만의 삶이 지혜롭고 현명한 방법이 아닌가 싶다.

그리고, 가끔은 그녀들의 세상 사는 이야기를 엿듣고 싶다.

# *08*

# 미인美人

남자는 항상 여색女色을 조심해야 한다.

경국지색傾國之色이란 말이 있듯이 정치나 경제계의 상층부 지도자들에겐 함정의 하나가 여자 문제였다.

구약성경에서 삼손이란 장사가 적군 블레셋의 드릴라라는 여인과 연애를 했다. 사랑해선 안 될 사람을 사랑한 결과 패가망신한 이 이야기는 영화로 제작될 정도로 유명하다.

어느 중소기업의 회장님을 알게 된 것은, 내가 일본학

공부를 하면서 일본어에 미쳐 있었을 즈음에, 일본어로 말하고 일본어를 쓸 수 있는 곳이라면 어디든지 가서 무보수도 좋을 만큼 일하고 싶은 시절이었다.

'일본어 가능자'라는 광고를 보고 찾아간 곳은 조그마한 무역회사였고, 그 회사의 회장님으로 불리는 분은 70세가 가까운 일본 동경 분이었다.

그 회장님은 나이 62살에 28살 먹은 곱디고운 처녀에게 마음을 빼앗겼다. 그녀를 처음 만난 것은, 룸살롱에서 술을 마시고 나올 때였다. 웬 젊은 여성이 차에 뛰어 들면서 살려달라고 애원하는데, 그녀를 본 순간 가냘프고 여린 그 얼굴이 슬퍼보여서 내리라고 차마 말할 수가 없어 그녀를 데리고 호텔로 갔다고 했다.

그리고 그녀의 이야기를 들어주었다. 술집에 팔려와 빚이 많이 졌다는 이야기, 빚을 다 갚기 전까지는 빠져 나올 수 없기 때문에 싫어도 일을 할 수밖에 없다는 이야기를 하면서 우는 모습을 보고 불쌍하기도 하고 안쓰럽기도 하고 해서 빚을 갚아주고, 본부인과 이혼하면서 그녀를 택했다고 했다.

그 회장님은 그녀를 얻기 위해 그 동안 운영해온 회사도, 재산도, 자식도, 부인도 다 버리고 그녀를 선택해 그녀의 고국인 한국이라는 나라에 새로운 터전을 잡았다.

처음 몇 년은 둘이서 신혼의 생활로 늘 행복했었고, 회장님은 젊은 부인을 사랑하고 아끼는 나머지 속옷까지 직접 빨아서 입혀주는 재미로 살았다고 했다. 회장님은 가난하게 사는 젊은 부인의 친정집까지 금전적으로 직접 돌봐주면서 젊은 아내를 지독하게 아꼈다.

그런데 어느 날, 젊은 부인이 회사에 근무하고 있는 싱싱하고 터프한 새로운 남자에게 마음이 끌리면서 서로 사랑하게 되었고, 그 남자의 아이를 임신하자 젊은 부인은 회사에 나오지 않고 가출해버렸다.

나이 든 회장님이 이 사태를 어찌 해야 할지를 모르고 힘들어 할 즈음, 내가 그 회사에 입사를 하게 된 것이다.

그런데 그 회장님은 그녀가 다른 남자의 아이를 임신해서 가출했음에도 생활비를 대주고 있었고, 그 남자를 회사에서 일을 잘 할 수 있도록 배려까지 해줬다.

회장님은 요리를 만드는 것이 취미라고 하면서 일본에서 직접 가져온 재료로 회사 내에서 일본식 부침인 오코노미야끼お好み焼き와 야채 볶음인 야사이따메野菜ため 등을 직접 만들어 우리에게 선보였다.

그리고는 언제나 젊은 부인을 그리워하면서 외로워했으며, 일본으로 돌아갈 수 없기 때문에 매주 금요일이면 서울에 올라가서 가장 좋은 호텔에서 최고의 VIP대접을 받으면서 푹 쉬다 오는 것이 유일한 낙이라고 했다.

약 2년여 동안 나는 그 회장님으로부터 생생 일본어를 배우고 집안 사정에 의해서 그 회사를 그만 두었었지만, 가끔 그 분은 어떻게 사실까? 하고 궁금했다.

얼마 전 같이 근무했던 여직원을 우연히 식당에서 만나 물어보니, 그 회장님의 젊은 부인은 아이를 낳아서 잘 살고 있고, 회장님은 3년 전에 몸이 아파서 일본으로 돌아가셨다고 했다. 그 말을 듣고, 나는 왠지 그 회장님의 초라한 노후가 안쓰러웠다.

통치자들과 미인들의 에피소드는 동서고금 어느 나라 어느 시대에도 있었고, 앞으로도 있을 것이다. 남자들의 마음을 움직이는 것 중 돈과 여인과 명예가 삼대 요소로 꼽히기 때문이다.

중국 역사에도 숱한 재녀와 미녀들이 있었다.

그 중 4대 미녀로 서시, 초선, 왕소군과 양귀비가 꼽힌다. 이들이 당대 수많은 남자들의 가슴을 떨리게 했고 나라를 기울게도 했다.

한나라 왕소군은 재주와 용모를 갖춘 미인으로 원제의 마음에 쏙 들었던 궁녀다. 원제는 왕소군을 처음 본 순간 빠져들었고 그녀를 찾기 위해 애썼다.

하지만 궁녀의 초상화를 그리던 화공이 뇌물을 바치지 못한 왕소군의 초상화를 추하게 그려 원제는 그녀를 찾을 수 없었고, 이후 북쪽의 흉노 호한야가 원제에게 딸을 달라 부탁하자 너무 어린 딸을 흉노에 보내는 것을 꺼려한 원제는 자신의 후궁 중 한 명을 데려가라고 했다.

이 과정에서 모습을 드러낸 사람이 바로 왕소군이었다. 호한야에게 또 다시 말을 번복할 수 없었던 원제는 흉노로 왕소군을 보냈고, 왕소군 역시 왕의 승은도 한 번 받지 못한 채 호한야를 따라나섰다.

이후 원제는 왕소군이 떠난 지 3개월 만에 사망했다. 왕소군 역시 평생 원제를 그리워하다가 생을 마감했다.

아름다운 미모는 출세의 이유도 되지만 몰락의 원인도 된다.

지도자 반열에 있는 사람들이 지금도 여인들에 대하여 조심할 요소이며 절세미인들도 현숙함을 함께 갖춰 피차 시험에 들지 않아야 될 일이다.

*09*

# 벚꽃과 무궁화

4월의 화창함은 벚꽃의 아름다움으로 절정을 이루고, 사람들은 벚꽃을 찾아 도시락을 싸들고 나들이를 나선다.

봄에 피는 꽃의 종류는 수없이 많지만, 벚꽃은 어느 곳이든 쉽게 볼 수 있는 꽃이 되어버렸다. 활짝 핀 벚꽃 꽃그늘 아래서 오순도순 이야기 나누며 하루를 즐기기에는 안성맞춤이다.

집안 행사로 남해지역 나들이에 나선 우리 가족도, 남해로 내달리는 자동차 차창 너머로 만개한 벚꽃이 하늘에서

눈꽃이 내리듯 꽃송이의 흩어짐을 보고, 도심지 근거리에 있는 공원에라도 잠시 들르기로 했다.

주말이라 그런지 가족단위로 여기저기 모여앉아 벚꽃을 구경하면서, 준비해간 도시락을 먹으며 즐기는 모습은 여유가 있어 보기 좋았다.

"사쿠라さくら가 일본 국화 맞제?"

"일본국화가 뭐시 좋다꼬? 여기저기 죄다 심어놨노? 어쨌거나 이쁘니까 봐준다."

나들이를 나온 가족들이 나눈 이야기를 살짝 엿들으니 벚꽃에 대해서 이야기하는 것 같다.

'일본의 국화國花는 벚꽃'이라고 대부분의 사람들은 말한다.

그러나 벚꽃은 일본 천왕이 좋아하는 천왕가의 꽃이지 국화國花가 아니다. 사실 일본의 국화國花는 가을에 피는 국화菊花다.

천황이 좋아하는 벚꽃이니 벚꽃심기 캠페인이 오랜 세월에 걸쳐 이뤄졌고, 일본에서 벚꽃 나들이인 하나미はなみ는 개인의 취미나 풍류를 위해서 시작된 것이 아니라 농경의례의 하나로 시작되었다.

이 연중행사는 가족들이 일부러 바깥으로 나가 야외에 가마를 설치하고 불을 피워 음식을 지어먹으면서 풍년이

들기를 기원하는 의례였다.

중세와 근세에는 귀족들이나 도시민들도 들에 나가 봄 기운을 쏘이며 즐겼던 것이 오늘날 좋은 명소를 찾아다니며 산뜻한 바람과 꽃그늘 아래서 남녀노소가 어울려 즐겼던 하나미はなみ 축제가, 전 세계적으로 벚꽃이 일본을 상징하는 꽃으로 불리게 되었다.

원래 벚꽃의 원산지는 한반도의 제주도라고 한다.

우리나라의 국화國花는 무궁화다. 무궁화의 꽃말은 일편단심, 영원을 뜻한다. 무궁화는 나팔꽃처럼 아침에 피었다가 저녁에 지고 다음날 떨어지는 일일화로, 여름에서 가을까지 매일 피고지기를 반복하며 오래도록 피기 때문에 불멸의 꽃이라고 한다.

무궁화는 아름다운 꽃이라기보다는 민족혼을 상징하는 고결한 겨레의 꽃이다. 무궁화가 도심지에서 사라져 아쉬움이 늘 있었는데, 작년에 수원에서 무궁화축제를 한다기에 다녀온 적이 있었다.

서서히 잊혀져가는 무궁화를 보니 왠지 가슴이 뭉클했었노라고 말하자, 어느 지인은 내게 이런 말을 했다. 몇 년 전에 길거리를 가다가 조경업자가 무궁화나무를 톱으로 베고 파헤치면서 벚꽃나무를 심고 있었다는 것이다.

"왜 우리나라의 국화인 무궁화 꽃을 파헤치느냐?" 라고 묻자, 지자체에서 관광객 유치를 위해서 벚꽃을 심기로 했다는 것이다.

지자체마다 관광객 유치도 필요하겠지만, 애국심으로 무궁화 축제를 여는 곳이 있는가 하면, 무궁화 꽃을 파헤치고 벚꽃으로 갈아치우는 곳이 있다고 했을 때, 우리들은 무엇을 생각하고 어떤 자세로 받아들여야 할까? 참으로 난감하다.

물론, 반짝 일주일은 벚꽃이 화려해서 좋다. 짧고 화려하게 피고 지는 벚꽃보다 새벽이슬 머금고 여름부터 가을까지 매일 피고 지는 고결한 우리 겨레의 꽃을 더 사랑해 보면 어떨까 싶다.

## 10
# 봄의 풍경, 민화民畵

"이 산 저 산 꽃이 피니 분명코 봄이로구나~ 봄은 찾아 왔건마는 세상사 쓸쓸하드라~"

산자락 한 모퉁이에서 어느 중년남성이 바위를 북삼아 나뭇가지로 바위에다 장단을 맞추면서, '사철단가'에 구구절절 가사를 실어 4계절을 인생사에 접목시켜 부르는 목청에 힘이 있어 듣기 좋았다.

"인간이 모두가 백년을 산대도 병든 날 잠든 날 걱정근심 다 제하면 단 40도 못사는 인생~ 벗님네들 서로 모여 앉아 한 잔 더 먹소 덜 먹세 허면서 거드렁거리고 놀아보

세~"

전문적인 판소리 명창은 아닌 것 같은데, 구성진 노랫가락을 파도 타듯 올렸다 내렸다 하는 것을 보니, 판소리를 제대로 배웠더라면 훌륭한 명창이 되었을 것 같다는 생각을 했다.

같이 간 일행들은 옆에서 추임새 장단을 맞춰주면서 고개를 끄떡이며 감상하는 모습이 김홍도의 민화를 연상케 했다.

인생을 사철가에 담아 봄을 자연스럽게 맞아들이며 즐기는 그들을 뒤로한 채 내려오는 양지바른 곳 풀섶 밑으로 봄내음 풍기는 냉이가 새파랗게 고개를 내밀고 있었다.

얼마 전 군부대에서 떼북떼창 판소리로 기네스북에도 전할 것이라는 기사를 봤다. 떼북떼창이 무엇이냐고 물으니 1,000명이 모여 200명은 북치면서 함께 판소리 창을 하는 것이라 했다.

사철단가를 1,000명이 한다는 것을 상상해 보니, 거창한 울림으로 부대 자체가 웅장할 것 같다는 생각을 했다.

군부대장은 처음 예술협회와 MOU체결을 하면서 부탁한 것 중에 "전북에 왔으면 판소리 한 자락 정도는 배워야 될 것 아니냐?"며 자연스럽게 판소리를 배우고 싶다고 적

극적으로 말했다고 했다.

쇠뿔도 단김에 빼랬다고 전주 예술총협회장은 여성명창을 소개해 주었으며, 매주 2회씩 연습을 하게 되면서 군부대에서의 판소리가 울려 퍼지게 된 사연을 이야기했다.

처음에는 간부들만 200여 명 배워볼까 하고 계획했었는데, 어느 순간 판소리의 열풍으로 군인아파트가 달아오르며 군부대원 숫자가 1,000명에 이르렀다고 했다.

정말로 떼북떼창의 판소리가 전 세계적으로 울려 퍼지기를 바라는 마음이 간절하다.

며칠 전, 지인으로부터 연락을 받고 떼북떼창을 만들어낸 그 주인공들과 몇 분이서 자연스럽게 한정식 집에서 만찬자리를 같이 했다.

우리는 군부대장에게 그 동안 명창 선생으로부터 배운 실력 발휘를 해보라며 박수를 치면서 호응했다. 기다렸다는 듯이 즉석에서 고수는 명창이 맡고, '사철단가' 는 군부대장이 부채 대신 집게를 들어가면서 한 자락을 멋지게 뽑아냈다.

약 2개월을 배웠다는 솜씨로는 믿기지가 않을 정도로 몸에서 베어 나온 폼새가 사람들의 흥을 돋우었다.

명창은 외국공연을 마치고 돌아온 직후라서 목 상태가

별로 좋지 않다고 하면서도 장구를 정리하더니, 전라도 민요를 구성지고 맛깔스럽게 어깨가 저절로 들썩이도록 한 자락을 맛있게 뽑았다.

그리고는 우리나라의 소리는 사람들의 심금을 울리기 때문에 아름답다고 했다.

또 독특한 창법에 의해서 신명나는 한마당을 연출시키면서 청중을 환상의 세계로 끌어들여 즐거운 기분을 불러일으킴으로서 자연스럽게 소리판에 참여하도록 하는 것이라 했다.

진한 전라도 사투리가 섞인 구수한 명창의 대화 속에서 느끼는 것은, 우리의 소리를 전 세계로 전파시키는 데 일몫을 크게 할 것이라는 생각을 했다.

사철가는 단순한 소리가 아니고 사계절을 인생에 비유한 것이며, 비발디의 사계보다 더 훌륭한 인생 서사시와도 같다.

고 이병철 전 삼성회장이 사철단가 가사에 반해서 숙소 병풍에 글씨로 보관했다는 말도 이해가 간다.

나는 사철단가 가사 중 가장 가슴에 와 닿는 구절이 "인간이 모두가 백년을 산대도 병든 날 잠든 날 걱정근심 다 제하면 단 40도 못사는 인생~" 이라는 대목이다.

그때 그 시절, 나물 먹고 물 마시는 정수동도 그랬을 것이고, 닭을 봉이라고 사서 사또에게 바쳐 골탕 먹이는 김

선달도 사철단가에 실린 가사의 의미를 터득했을 것이다. 일장춘몽이라 했으니, 사철단가의 가사를 음미하면서 긍정적인 사고를 가지고 멋진 인생을 살아간다면 후회 없는 삶이 될 것이라 생각한다.

# 11

# 사추기思秋期 사랑

『여보게 차 한 잔 하시게나』

찻집이 분명하지만 한적한 곳에 머물러 있다 보니, 그냥 무심코 스쳐 지나가는 행인들이 많을 것 같다. 이름 없는 산, 공기 좋고 아담한 동산 같은 둘레를 돌아서 산줄기 물을 따라 거슬러 올라가면 자그마한 푯말에 적힌 이름이다. 모처럼 조용하고 운치 있는 곳에 들려 차 한 잔 마시자는 일행의 재촉에 못 이겨 슬그머니 발길을 옮겼다. 찻집으로 들어가는 길목에 들어서자 볼품없이 보였던 정원이 일본로지식 정원을 연상케 했다. 모모야마 시대를 거치면서 일본은 로지露地 혹은 자테이茶庭 정원 양식이 유행했다. 주택과 약간 떨어진 곳에 다실건물이 위치하며, 자연스럽고 그윽한 느낌이 나도록 정원을 조성하였다. 낙엽이 덮인 오솔길과 디딤돌 등이 그랬다.

잠시 주위를 둘러보고, 안으로 들어서자 약간 어두침침한 실내에 한방차를 끓인 향이 훈훈한 온기를 가했다. 추워서 아무도 없을 것이라는 생각을 깨고 한쪽 구석 벽난로 옆에 자리 잡은 중년 남녀가 다정하게 대화를 나누고 있었다. 남성이 여성을 사랑스런 얼굴로 바라보는 시선이며, 해맑게 웃음을 자아내는 여성의 자태에서 왠지 모를 친근감이 들어 시선을 자꾸 그 쪽으로 돌렸다.

그들은 말차를 시켰는지 사발에 담긴 차를 조금씩 마시면서 뜻 모를 이야기로 행복해했다. 나는 그들의 대화가 갑자기 궁금해져서 춥다는 이유를 들어 그들의 뒤로 자리를 옮겼다. 그들은 우리들이 갑자기 자리를 옮기자 의식했는지 잠시 말을 멈추고는 창밖으로 시선을 돌렸다.

"この旅行は幸せだよ"("이번 여행은 행복해요")

그러고 보니, 한국인이 아니었다.

나는 등을 돌리고 자연스럽게 말을 건넸다.

"日本からいらっしゃいましたか"("일본에서 오셨어요?")

몇 마디 서투른 일본어 실력으로 더듬더듬 말을 건네다가 그들과 자연스럽게 합석을 하게 되었다.

그는 이바라키 현에서 중소기업 사업가이자 이름은 후루가와 준이치古川淳一 씨로 그 동안 독신으로 편하게 살다가 나이 들어 외로움을 느끼고 있던 중, 2개월 전 마을 축제 때 해맑은 웃음에서 청순함을 느낀 그녀를 본 순간 가슴이 뛰었다고 했다.

그녀의 이름은 마츠다 아키꼬松田明子라 했으며, 그녀 역시 남편과 헤어진 후 독신으로 살다가 박력 있게 대시하는 그의 남성미 때문에 첫눈에 반해서 마음이 끌리었다고 했다.

중년의 나이에도 첫눈에 반하는 그런 열정들이 어디에서 나오고 있는 것일까? 잿빛 구름 아래로 갑자기 눈발이 날리기 시작했다.

나는 그들에게 한국에서의 좀 더 좋은 추억거리를 만들어주고 싶었다.

한국으로 왜 여행을 오게 되었는지 이유를 물었더니, 할머니가 사셨던 곳을 찾으러 왔다고 했다. 그는 할머니 댁을 어렸을 적에 서너 번 와본 기억이 있는데, 주소를 가져왔다면서 지갑에서 빛바랜 누런 종이를 펼쳐보였다.

헤진 누런 종이에 씌어 있는 주소는 한문으로 全羅北道 裡里(전라북도 이리)라고만 되어 있었다.

전라북도 이리에서 어떻게 할머니가 사시던 곳을 찾을 수 있단 말인가.

저들이 주소 하나만 덜렁 가지고 한국을 찾은 마음이 너무 예뻐 보였다. 나이가 몇 살이냐고 물으니 남자는 57세라 하고, 여자는 51세라 한다. 둘이 결혼할 거냐고 물으니 서로 얼굴만 쳐다보며 씽긋 웃는다.

그러면서 그는 아키코 씨의 흘러내린 머리카락을 손으로 슬쩍 올려주면서 잡은 손에 힘을 주었다. 나는 왠지 그들이 할머니 집을 찾을 수 있도록 도와주고 싶었다.

우리는 갑자기 오랜 친구처럼 서로를 잘 아는 듯이 웃으면서 대화를 나누었고, 같이 간 일행들도 저녁식사에 함께 동행했다. 나는 2002년부터 외국어 자원봉사를 하면서 홈스테이도 했고, 전북 외국어 자원봉사 이사로서 활동하면서 외국인들과의 홈스테이가 자연스러운 생활이었기 때문에 당연히 이들도 우리 집으로 데려가려고 했다. 그들은 숙소를 잡아놨다면서 거절했지만, 편하게 생각하라고 권유하자 못 이기는 척하며 따라나섰다.

처음 보는 이국 친구이지만 사람의 마음은 모두 다 같은 것이리라. 왠지 그들에 대해서 더 궁금해지기도 했지만,

하루 이틀쯤 기분전환도 할 겸 그들과 함께 하는 시간도 뜻 깊을 것이라고 스스로 결정하면서 나는 최대한 친절을 베풀었다.

그들도 낯선 한국에서의 홈스테이는 아주 만족해했다.

다음날, 익산을 다 뒤져도 그의 할머니가 사셨다는 곳은 끝내 기억을 못했고, 우리는 근거리에 있는 마이산으로 가서 사찰구경을 하면서 인삼막걸리와 통돼지 구이로 하루 관광일정으로 삼아 함께 동행했다.

그리고 그들은 할머니의 고향집은 찾지 못해 아쉬움은 남았겠지만, 또 한 사람의 만남과 또 하나의 작은 추억거리를 만들어 출국했다.

2년이 흘렀다.

까마득하게 잊고 있었던 그들에게 연락이 왔다.

"柳さん. 私たちへ 行く予定です 明日3時ころ途着します."

"유상, 우리들 한국에 갈 예정입니다. 내일 3시경 도착합니다."

인천공항에 도착하자마자 준이치 씨는 들뜬 목소리로 전화를 했다.

리무진 버스에서 내린 준이치 씨는 일본 전통의복 격식

을 갖춘 하카마袴를 입고 부채를 들었으며, 아키코 씨는 노란 바탕에 화려한 꽃무늬 기모노를 입고, 게타 신발에 맞는 다비足袋를 신고 타닥타닥 소리를 가볍게 내면서 활짝 웃으며 내게 나타났다.

아키코 씨의 뒤태를 보니, 오비는 직선적인 아름다움을 강조하듯 곧고도 바르며 정확하게 접어 맨 것이 미의 표현으로 훌륭한 매너를 나타냈다.

2년 만에 본 준이치 씨의 모습은 늠름하고 중후한 멋이 엿보였으며, 아키코 씨의 틀어 올린 화려한 머리장식에서 더욱 더 요염한 아름다움과 지적으로 보이는 모습에서 중년의 원숙미가 시선을 끌기에 충분했다.

아키코 씨는 내게 살이 너무 많이 찐 것 같다면서 깜짝 놀랐다. 어떻게 한국을 다시 찾게 되었냐는 물음에 한국에서의 추억과 나를 너무 보고 싶어, 결혼하면 신혼여행을 한국으로 오자는 제안을 아키코 씨가 했다고 했다.

그들의 일본 전통 옷차림은 한눈에 봐도 중년 신혼부부 같은 느낌이 들었다. 나는 그들을 사랑에 관한 스토리가 있는 남원 광한루로 자동차를 몰았다. 가면서 성춘향과 이도령 이야기를 들려주었더니, 연발 감탄을 하면서 마주보며 박수를 쳤다.

일본 전통한복을 입고 신혼여행을 온 그들을 보면서 우리나라 젊은이들도 외국으로 신혼여행 갈 때, 다소 불편하더라도 한복을 입고 다니면 좋겠다는 생각을 했다.

그들은 광한루를 산책하면서도 손을 꽉 잡고 미소 띤 눈빛으로 사랑표현을 했다. 아름다웠다. 아니 아름답다기보다는 사추기 사랑의 삶이 부러웠다. 내가 준이치 씨에게 아키코 씨를 보면 어디가 그렇게 좋으냐고 물었다. 그냥 좋다고 했다. 좋아하는 데는 이유가 없이 무작정 좋다는 것이다. 뭐랄까, 바라만 봐도 좋고 보고 있어도 좋다고 했다.

그러고 보니 최근 들어 우리나라도 중년에 자녀들 결혼시키고 나서 부부애가 깊어져 사랑에 대한 감정이 되살아나고 있다는 커플을 많이 봤다.

어느 커플은 둘만의 공간에서 방해받고 싶지 않다고 가벼운 소풍을 떠난다고 했다.

'작은 소풍'이란 제목을 붙여 잠시 현대사회에서 빠져나와 산중의 근거와도 같이 세상 것은 잊어버리고 오로지 둘만의 사랑을 느끼고 싶어 4시간에서 5시간 정도의 휴식을 즐길 수 있는 피서지로 떠난다는 것이다.

처음에 '소풍 간다'라는 그 제목이 신선해서 물었을 때, 젊은 시절에 떠났던 여행보다는 운치가 있고, 여유가 있으며 진실이 있다고 했다.

그들에게도 다시 한 번 사추기의 사랑이 찾아온 것이다.

남원 광한루를 막 나서려는데 이 도령과 성춘향 옷을 입고 사진 찍는 젊은 남녀 한 쌍을 보고, 그들도 기념으로 사진을 찍고 싶다고 했다.

'이 도령과 성춘향 옷 입고 사진 찍으면 한눈팔지 않고 영원히 마음 변치 말고 끝까지 사랑해야 한다'고 하자 당연하다는 듯이 둘은 고개를 끄덕이며 사진을 찍으면서 행복해했다.

돌아오는 길에 아키코 씨에게 "준이치 씨보다 더 멋진 변 사또가 나타나면 어쩔 거냐?"고 물으니, 갑자기 변 사또 이야기를 꺼내서인지 뜻을 몰라 아키코 씨는 잠시 생각을 하는 듯 고개를 갸우뚱거렸다.

덧붙여 놀리는 게 재밌어서 변 사또는 이를테면 현재 '시장님'이라고 했더니 아키코 씨는 '감히 어떻게 시장님을 사랑할 수 있겠느냐'며 준이치 씨가 더 좋다고 했다.

준이치 씨는 회사에서 생산되는 제품이라면서 내게 건강에 좋은 기기를 내놓았다. 그리고 다양한 선물들을 챙겨와서 설명하기에 바빴다.

그 중에서 가장 화려하고 큰 상자에 담긴 선물은 풋, 웃음이 날 정도로 어이가 없었다.

몇 번의 포장지를 뜯고서야 나타난 선물은 기포가 있는

쬐끄만 소주잔 덜렁 한 개였다. 가격을 보니 아뿔싸, 3천 엔이었다.

그 소주잔이 유명한 것은 기포 하나하나에 온갖 정성이 담겨져 있기 때문에 조상에게 제를 올릴 때 쓰는 것으로, 기도하면 소원이 이루어진다는 전설이 있다고 했다.

저녁에 간단한 과일과 소주에 물을 타서 마시는 미즈와리水割り를 한 잔 하면서 나는 그들과 경제, 역사, 사회, 문화에 대한 많은 이야기를 나누었다.

그 중에서도 그들은 역사나 문화 쪽에 관심이 더 많다고 했다. 중년의 사랑이 아름다운 것은 인생을 논할 줄 알고, 멋을 느낄 줄 알며, 봄에 움트는 새순의 신비로움에 참된 아름다움을 느낀다고 했다.

그들은, 내게 이바라키 현으로 남편과 함께 꼭 와 달라는 당부를 남기고 일본으로 2차 신혼여행을 떠났다.

## 12

# 시발노무색기 始發奴無色旗

옛날부터 중국 고사에는 삼황오제의 이야기가 전해지는데, 그 중 복희씨는 주역을 만들었을 뿐 아니라, 길흉화복을 점치는 법을 만들었다고 전해진다. 이 이야기는 그 복희씨 시대의 이야기이다.

복희씨가 중국을 다스리고 있던 어느 날, 태백산의 한 산마을에 돌림병이 나서 많은 사람이 죽어가고 있다는 전갈을 받았다. 그리하여 복희씨는 그 마을로 향하게 되었는데, 그 마을은 황하의 물이 시작되는 곳이라 하여, 시발始發현縣이라 불리고 있었다.

마을에 도착한 복희씨는 돌림병을 잠재우기 위해 3일 낮 3일 밤을 기도하였는데, 3일째 되는 밤 기도 도 중 홀연 일진광풍이 불면서 웬 성난 노인이 나타났다.

"나는 태백산의 자연신이다. 이 마을 사람들은 몇 년째 곡식을 거두고도 자연에게 제사를 지내지 않으니, 이를 괘씸히 여겨 벌을 주는 것이다. 내 집집마다 피를 보기 전에는 돌아가지 않으리라."

복희씨는 자연신이 화가 난 것을 위로하기 위해 방책을 세우고는 마을 사람들을 불러 모아 돌림병을 낫게 하기 위한 방비책을 말하였다.

"어젯밤 자연신께서 제사를 지내지 않는다고 괘씸하게 여기고 이 마을 사람들에게 벌을 주는 것이니, 자연신을 달래고 해를 피하기 위해선 집집마다 깃발에 동물의 피를 붉게 묻혀 걸어두어야 하오!"

마을 사람들은 겁에 질려 복희씨가 시키는 대로 깃발에 동물의 피를 묻혀 집집마다 걸어놓았다.

그 마을사람 중에 시발始發 현縣의 관노官奴가 하나 있었는데, 그는 "귀신은 원래가 깨끗함은 오히려 싫어하니, 나는 피를 묻히지 않고 걸 것이다. 그래야 귀신이 우리 집을 피해 갈 것이다."하여 붉은 피를 묻히지 않은 깃발을 걸었다.

그 날 밤 복희씨가 시발 현 사람들이 붉은 피를 묻힌 깃발을 세웠을 것이라고 생각하고 기도를 하는데, 자연신이

나타나 노여워하며 말하길,

"이 마을 사람들이 모두 정성을 보여 내 물러가려 하였거늘, 한 놈이 날 놀리려 하니 몹시 불경스럽도다. 내 역병을 물리지 않으리라."

그리하여 다음날부터 전염병이 더욱 돌아 마을 사람들이 더욱 고통스럽게 되면서 많은 이가 죽었다. 마을 사람들은 색깔 없는 깃발을 혼자만 걸어 자연신을 노하게 만들어 역병으로 마을 전체가 쑥대밭이 된 것에 대해서 그 관노를 혼내주었다.

그리하여 그 다음부터 혼자 행동하여 다른 사람에게 피해를 입히는 사람이나, 제대로 알지도 못하면서 마구 행동하는 사람을 보면, '始發奴無色旗(시발노무색기)'라고 하게 되었다.

2015년 7월 더위가 한창일 때 일제 감정기인 1933년을 배경으로 한 '암살'이란 영화가 상영되었다. 어두컴컴한 상영관에 앉아 국내 톱 주연급들의 연기에 대한 기대가 상당히 커서 커다란 팝콘과 콜라를 들고 앉아서 기다렸다.

암살의 내용은 끊임없이 독립을 위한 투쟁이 존재했던 시기였고, 역사적으로 실재했던 의열단의 활동기록을 가상으로 하여 허구의 암살사건을 그려낸 대한민국 경무국 대장 염석진 역을 맡은 이정재는 일제의 밀정이었다. 그 중에서도 염석진의 유들유들하고 응큼한 행동, 그리고 일본의 앞잡이가 되어 온갖 만행을 저지르는 행위를 보고 있을 때, 실제 상황처럼 울화가 치밀었다. 밀정 역을 맡은 염석진을 우리 현실은 척살하지 못했는데 영화에서는 독립군이 법으로도 응징 못한 친일 매국노를 마지막에는 통쾌하게 사살했다.

이 때 뒤에서 "시발노무색기始發奴無色旗, 잘 죽었다! 저런 놈은 죽어야 해!" 하며 속이 후련하다는 듯이 젊은 남성들이 한마디씩 한다.

그러고 보니, 암살에서 나오는 주인공인 염석진도 무색깃발을 걸어둔 것처럼 나쁜 놈이 되어 단칼에 응징을 받은 것 같다는 생각을 하면서 웃음이 픽 새어나왔다. '시발노무색기'가 저럴 때도 쓰이는 것이라는 것을 실감하면서.

13

## 시벌로마施罰勞馬

고대 중국의 당나라 때 일이다.

한 나그네가 어느 더운 여름 날, 길을 가다 이상한 장면을 목격하였다. 농부가 밭에서 열심히 일하는 말의 뒤에서서 자꾸만 가혹하게 채찍질을 가하는 광경을 본 것이다. 계속해서 지켜보던 나그네는 말에게 안쓰러운 마음이 들어 농부에게 물었다.

"열심히 일하는 말에게 왜 자꾸만 채찍질을 하는가?"

그러자 농부는 자고로 말이란 쉬임 없이 부려야 다른 생각을 먹지 않고 일만 열심히 하기 때문이라고 답했다. 남의 말을 놓고 가타부타 언급할 수가 없어 이내 자리를 뜬 나그네는 열심히 일하는 말이 불쌍하여 가던 길을 멈추고 뒤를 돌아보며 긴 장탄식과 함께 한마디를 내뱉었다 한다.

"아! 施罰勞馬(시벌로마)!"

훗날 이 말은 후세 사람들에게 이어져 주마가편走馬加鞭과 뉘앙스는 약간 다르지만 상당히 유사한 의미로 쓰였다 한다.

요즈음, 대학생들은 취직을 못하여 졸업을 미루기도 하고 면접을 위해 주야로 전전긍긍하면서, N포 세대에 한 숨을 쉬면서 살아가는 것조차 힘이 들어 하고, 특히 지방에서 대기업에 취직한다는 것은 하늘에 별 따기만큼이나 힘들다.

우리 과에 있던 젊은 학생들 몇 명이 몇 개월 전에 중견기업에 취직을 했다.

취직을 한 학생들을 축하해주기 위해서 조촐하게나마 나이 든 어른들이 저녁식사 자리를 마련하였다. 요즈음같이 어려운 시기에 취직을 했다는 것만으로도 기특해서 예뻤다.

눈높이를 낮추니까 일자리가 보인다고 했다.

아닌 게 아니라 현재 중소기업은 일손이 모자라서 난리다. 더군다나 문재인 정부 들어서 최저임금 1만원 시대가

도래되면서 중소업체 및 소상공인들은 졸라매었던 허리띠를 더욱더 졸라매어야 할 때가 되었다. 그럼에도 인건비를 맞출 수가 없다.

근로자 입장에서는 시급이 높을수록 좋겠지만 중소기업을 운영하는 운영자는 인건비를 맞추지 못하여 매월 폐업하는 사업자가 증가하고 있기 때문에 정부 대책은 필요하다고 본다.

삼겹살이 솥뚜껑 위에서 지글지글 튀기면서 노랗게 익어갈 때, 상추 위에 쌈무를 넣고 고추와 마늘을 얹어 고기에 쌈장을 찍어 입이 찢어져라 밀어 넣는 귀염둥이 소영이를 보노라니 저절로 입맛이 솟았다.

"배가 많이 고팠나 보네. 많이 먹어요."

"제가요. 요즈음에 살이 좀 쪘죠. 왜냐면요, 직장 내에서 스트레스 받아서 그래요. 내가 상품 기획팀에 있는데요. 우리 부서 총괄 본부장이 나이 먹은 아줌마인데, 어찌나 잘난 체를 하고 일을 잘못한다고 말끝마다 재수 없는 소리를 해대는지 기분 나빠 죽겠어요."

쾌활하고 명랑하면서 귀염둥이였던 소영이는 직장생활이 뭐가 그리 불만인지 음식을 먹으면서도 연신 궁시렁댔다.

"있잖아요, 이쁘지도 않아요. 그러면서 이쁜 척하고요. 회의할 때도 책을 펼 때 온갖 째를 내면서 회의에 집중을 하는 것이 아니라 본인 미모에만 신경 써요. 나는요, 그 본 부장이랑 일하는 게 정말 싫어요."

그러면서 상추를 들어 책을 펼 때 째를 내는 표정을 흉내 내자 주위 사람들이 한바탕 웃어댔다.

"그래서 그만두려고?"

어렵게 취직했는데 그만둔다고 할까봐서 걱정되어 동료가 어깨를 툭 치며 묻자 이렇게 말한다.

"아뇨, 내가 왜 그만둬요. 악착같이 버텨서 성공할 거예요."

권택이도 한마디 거든다.

"우리 과장님도 장난 아녜요. 과장 업무가 있는데도 저한테 자기가 할 일을 자꾸 시키세요. 제가 잘 몰라서 못하면 그것도 못하냐고 뭐라고 해요. 게다가요, 어제는 저더러 주말에 애들이랑 놀러가기로 했다면서 세차 좀 해서 가져오라고 그러더니 세차 값도 안 줘요, 어떻게 달라고 하겠어요. 본인이 알아서 줘야지 갑질이 따로 있는 게 아니더라고요. 담배까지 사오라고 하면서 돈도 안 주고……. 이거 갑질하는 거잖아요."

그러면서 맥주를 한 컵 벌컥벌컥 마셨다.

취직을 해도 직장에서 스트레스를 받는다는 것이다. 그러나 한 가지 기분 좋은 것은, 스트레스는 받을지언정 돈을 버니까 그나마 위안이 된다고 했다.

열심히 일하는 직원들을 못살게 구는 것은, 당나라 때

논에서 열심히 논을 갈고 있는 늙은 말을 채찍질하며 때리는 농부와 같다. 이 때 주위에서 안쓰럽게 생각하여 한마디씩 할 수 있는 말이 시벌로마施罰勞馬인 것인데, 우리나라에서는 듣기에 따라서 오해의 소지가 분명하게 있다.

열심히 일하는 부하직원을 괴롭히거나 못살게 구는 직장상사들에게 큰 소리로 대항할 수 없기 때문에, 일부 몰상식한 상사의 뒤에 서서 궁시렁거리듯 들릴락말락하게 읊어주면 효과적일 것이다. 단, 몰상식한 상사가 귀가 밝아서 이 말을 들었을 때, 그 상사의 반응에 대해서는 책임질 수 없다.

왜냐하면 아직 우리나라의 현실에 비추어 볼 때 이 말의 한문풀이 된 심오함을 깨달을 상사는 거의 없기 때문이다. 그럴 때는 늙은 말이 불쌍하다는 식으로 벽에 대고 한숨 섞인 목소리로 "아~! 施罰勞馬(시벌로마)!" 하고 눈을 지그시 감고 마음을 가라앉히면 된다.

## *14*

# 여자의 본심

코스모스가 한들거리는 논둑길 옆에 허수아비가 모자를 꾹 눌러쓰고 양팔을 벌리고 멍청하게 서 있다.

실로 오랜만에 보는 풍경이라서 정겹기도 하지만, 학창 시절 매일 초가을이면 논에 가서 참새 쫓으며 고래고래 노래 부르고 책 읽으며 꿈을 키웠던 기억이 되살아났다.

논둑길을 따라 논 한가운데 마련해놓은 참새 쫓는 방법은, 당시 원두막 같은 곳에 올라앉아 참새가 이동할 때마다 깡통을 매단 줄을 수없이 흔들어 주면 놀래서 참새들이

도망가곤 했다.

그렇게 가을 내내 논에서 지내고 나면, 얼굴은 까맣게 그을려지고, 이빨은 하얗게 되고, 머리는 숱이 적은데다가 노란색을 띤 나를 보고 애들은 '인디언 추장 딸!' 이라고 놀렸다.

특히 인디언 추장 딸이라고 심하게 놀렸던 친구가 고향에 왔다고 어느 날 갑자기 내게 저녁이나 먹자고 연락이 왔다.

친구는 서울 떠난 지 벌써 30년이 넘었다. 남편은 장교 출신으로 쩌억 벌어진 가슴에 반해서 결혼했었는데, 장교 출신이다 보니 자상한 면이 없고 항상 쓸쓸해서 우울증 비슷하게 외로워하다가 결국은 이혼을 할 수 밖에 없었다고 한다.

혼자 살면서 오히려 활달해졌고 사업수완도 좋아서인지 친구의 업무분야에서 전문성을 인정받아 여성으로서 성공을 한 케이스라고, 주위에서 성공담을 많이 듣기를 원한다면서 전북에서도 특강 초청을 받아 강연을 왔다고 내게 연락이 온 것이다.

특강을 마치고 작은 커피숍에서 만나기로 하여 약속 장소에 갔을 때, 웬 남성과 함께 오순도순 재미나게 이야기를 하고 있어서 아는 체 하기가 민망할 정도로 애정표현을 서슴없이 하였다.

"야! 오랜만이다. 근데 너는 어쩐 일로……."

내가 말끝을 흐리며 남성을 힐끗 쳐다보자 친구는, "아 차 인사해! 내 애인이야. 근사하지?"

시골녀와 서울녀의 차이점인가? 애인이라고 당당하게 말할 줄 아는 그녀.

내가 가볍게 인사를 하고 나서 자리에 앉자마자, 친구는 시골에 왔으니까 시골밥상을 차려주는 그런 곳에 가서 저녁을 먹었으면 좋겠다고 말했다.

나는 고민 끝에 관촌으로 친구와 친구 애인을 태우고 달렸다.

얼큰한 민물매운탕과 찰밥 그리고 시골스런 나물이 곁들여져 나오는 음식이야말로 최고라면서 정말 이러한 음식이 그리웠노라고 친구는 연발 감탄사를 품어냈다.

나는 친구의 애인에 대해서 궁금했지만 물어보지 않았다.

"이 사람과 나는 결혼은 안하고 그냥 친구처럼 왕래하면서 지내는 사이야. 결혼이라는 구속이 싫어서 말야. 이렇게 지내는 것이 항상 연애하는 기분이라서 스릴 있고 너무 좋아. 자기야! 자기도 그쵸?"

"당신 편할 대로."

그렇게 행복하게 식사를 끝나고 떠났던 그녀가 이번에는 화가 잔뜩 난 채로 다시 나를 찾아온 것이다.

"야 있잖아! 나는 그 남자가 나를 사랑하는지 어떤지 모르겠어. 왜냐면 내게 관심이 없는 것 같아."

"왜 그렇게 생각하는데? 무슨 일이 있었냐?"

"그게 아니고, 얼마 전에 내 생일이어서 나는 내 생일날 근사한 곳에 가서 식사하고 선물이라도 사 줄 줄 알고 기대를 하고 있었는데 말야 글쎄. 내 생일을 기억도 못하고 있는 것 있지."

"그래서?"

"그래서가 뭐야. 아니 애인 생일이라는데 어쩜 그렇게 기억을 못할 수가 있니? 너무 어이없어서 막 울고 내려왔다."

"니 애인에게 니 생일이라고 말했어? 니 생일이니까 밥 먹자고 해봤어? 선물 갖고 싶다고 말한 적 있어?"

"아니?"

"그럼 니 애인이 어떻게 알겠어. 니 생일인지 니가 뭘 원하는지. 니가 말을 해야 알지."

"그래도 그렇지. 그 사람이 나를 사랑한다면 그 정도는 알고 있어야 하는 것 아니니? 정말 속상하드라."

대개 여성들의 본성은 본인이 말하지 않아도 상대가 본인의 모든 것을 알고 챙겨주는 것을 좋아한다.

하지만, 남성들 대부분은 사소한 것은 금방 잊어버리는 습관이 있고, 직접 말을 해줘야 기억이 난다는 것이다.

남녀가 데이트할 때 항상 남성이 먼저 여성에게 "오늘 점심 뭐 먹고 싶어?" 했을 때, 여성은 대부분 "아무거나요." 한다.

그런데 여성의 속마음은 '어디 근사한 곳에 데리고 가서 근사한 식사대접을 하겠지?' 하고 미리 계산해놓고 있는데 남성은 아무거나 먹는다고 했기에 정말 아무 곳이나 들려 된장찌개나 김치찌개 등으로 식사를 대접한다고 한다.

그러면 영락없이 여성은 입이 댓발이나 나온 상태에서 신경질적으로 대답하고 화내며 짜증을 내는데 남성들은 그러한 여성의 심리를 이해를 못하겠다고 한다.

또, 생일이나 기념일이 돌아왔을 때 남성이 뭐 갖고 싶은 거 있느냐고 말하면, "없어요." 하면서도 '내가 없다고 하더라도 나를 위해 뭔가 좋은 것을 사 줄 거야.' 그렇게 생각한다. 남성이 진짜 갖고 싶은 게 없는 줄 알고 아무것도 사 주지 않으면 그때부터 사랑이 식었다느니 앞으로 안 만날 거라느니 하면서 투덜거림을 남성들은 이해를 못한다고 한다.

차라리 뭘 먹고 싶은지, 뭘 갖고 싶은지 속 시원하게 말하면 오히려 편하고 좋을 텐데 꼭 남성의 마음을 시험하고 있는 그 자체를 이해 못하겠다고 한다.

남성의 뇌 구조와 여성의 뇌 구조는 분명 다르다. 여성은 사소한 것에 집착하고, 남성은 거시적으로 보고 행동하는 데 있어서 추진력이 있기 때문에 여성의 본심을 이해 못하는 것은 당연할 것이다.

어느 가수가 불렀던 노랫말에 이런 이야기가 있다. '크게도 아니고 지친 나를 안아주면서 사랑한다는 그 말 한마디 해 준다면, 나는 사막을 걷는다 해도 꽃길이라 생각할 겁니다.'

여성은 아주 사소한 것일지라도 관심이 필요한 것이다. 오로지 한 남성의 사랑스런 여인이 되고 싶은 것밖에는 아무런 욕심도 없는 것이다. 그 사소한 바램조차 알아주지 못한다고 여성이 남성에게 투덜대는 것이야말로 순진하면서도 얼마나 아름다운 모습인가.

남성들은 사랑스런 여성의 본심을 현재 처해 있는 상황에서 말과 꿍꿍이속이 다르니 답답할지라도, 여성의 답 속에 어떤 게 긍정이고 부정인지를 알아야 할 것이다.

가령 좋아하는 남성과 싫어하는 남성이 있다고 하자. 좋아하는 사람이 "오늘 시간 있어?"라고 했을 때, 여성은 좋으면서도 입 밖으로 나오는 대답은 "왜요? 글쎄요."

그 대답은 나는 오늘 시간 없다고 말했지만, 당신이 한 번 더 콜 하면 응해 주겠다는 뜻이고, 싫어하는 사람이 "오늘 시간 있어?"라고 했을 때 여성의 대답은 정색하면서 "죄송합니다. 오늘 선약이 있습니다."라고 거절하는 것이다.

## 15
# 우아한 품위

업무가 있어 광주에서 대중교통을 이용하려고 택시를 잡아탔는데, 가벼운 선글라스를 끼고 그린 색 스카프를 목에 두른 멋쟁이 아가씨가 손을 흔들자 택시기사가 탑승을 해도 되겠느냐고 묻는다.

같이 가는 길이라면 상관없겠다 싶어서 그러라고 하면서 여성의 얼굴을 살짝 흘겨보니, 아담한 체구에 살짝 멋을 냈지만 품위 있어 보이고, 얼굴도 상당한 미인이다.

"아자씨! 신천까지 가씨요? 시간 없응께로 싸게싸게 가드라고요잉."

그 여성이 택시 문을 열자마자 이렇게 말했다.

'아니 저렇게 예쁜 얼굴로 사투리를 쓰니까 환상이 깨지네.' 나는 순간, 그 여성을 쳐다봤다. 아무렇지도 않게 전라남도 사투리를 써가면서 휴대폰으로 통화를 하는 여성의 말 한마디 한마디가 우스워서 피식 웃었다.

시골에서 살다가 수도권에 가면 무의식중에 하는 행동의 다양한 경험이 만인을 웃게 하는 에피소드도 많다.

나 또한 몇 년 전 서울에 상경했을 때, 시골티를 아주 우아하게 내고 온 적이 있다.

그 동안 나는 서울에 갈 때 자동차를 가지고 가거나 자동차를 가져가지 않을 때는 누군가가 픽업을 나왔기 때문에 지하철을 타 본 경험이 없었다. 그러다가 경영 연수가 있어 친구들과 잠시 만나 수다 좀 떨다 가려고 친구에게 연락을 했더니, 고속터미널로 마중을 나왔다.

터미널로 마중 나온 친구는 지하철을 타고 가자며 나를 이끌었다. 캐리어를 들고 따라가는데 지하철 표를 끊어 내게 한 장을 주고, 친구는 지하철 입구를 통과하기 위해 짊어진 핸드백을 검색대에 올려놓고 나서 통과를 하는 것이었다. 나는 순간 눈이 휘둥그레졌다.

'와아, 서울 많이 발전했구나. 범죄자를 방어하기 위해서 공항에서와 같이 검색대가 설치되어 가방 검색까지 자동으로 하는 걸 보니…….'

나는 캐리어를 낑낑대고 들어 올려 검색대에 올려놓았다. 친구가 이를 보더니,

"너 지금 뭐하니? 웬 가방을 검색대에 올려놓고 지랄이야."

한다.

"야아, 서울 많이 변했다! 언제부터 지하철에 이런 시설을 했냐?"

내가 친구에게 묻자, 친구는 내 행동에 주저앉아 배꼽이 빠져라고 눈물을 찔끔거릴 때까지 웃는다.

"에이, 이런 촌년아! 지하철 처음 타보니? 히히히."

나는 그 날부터 촌년에서 헤어나지를 못하고 지금껏 놀림의 대상이 되고 있다.

그런데 아는 지인도 서울에 가서 우아한 시골티를 내고 왔노라고 한다. 얼굴이 천사처럼 곱고 아름다운 그녀가 어깨가 아프다며, 서울에 있는 한방병원에 들렀다.

"어디가 아프셔서 오셨어요?"

"어깨가 꼬집까듯이 아파서요."

"뭐라구요?"

"어깨가 꼬집까듯이 아프다구요."

내려오는 머리를 뒤로 젖히며 우아하게, 그리고 좀 더 부드럽게 말을 했는데도 간호사는 말귀를 못 알아들었다는 듯이 물었다.

"예? 꼬집까듯이라는 게 무슨 뜻이에요?"

순간 여성은 '꼬집까듯이'란 말이 사투리라는 것을 알아차리고 간호사에게 잘 못 말한 것을 인정하고 나서 좀 더 우아하고 품위 있게 표준말로 한답시고 이렇게 말했다.

"아, 그러니까 찌브까듯이 아프다구요."

사투리는 촌스러움보다 꾸밈없는 진솔함을 보여주는 것이라고 생각한다.

이는 우리 일상생활에서 꾸준하게 사용해 왔던 우리 문화이며 조상의 숨결이기도 하다. 물론 표준말을 써야 하지만 사투리는 고유한 토속어 속에 된장국처럼 풋풋하게 정겨움이 묻어난다. 그리고 애향심을 갖고 누구나 고향을 그리워하는 여유가 있어 좋다.

# 16
# 이 시대의 숨은 영웅

지인으로부터 부안에서 좋은 분들과 점심식사를 같이 하기로 했다면서 시간이 허락된다면 소개도 할 겸 함께 갔으면 어떻겠느냐는 제안을 받았다. 물론 거절할 이유 없이 무작정 동행하기로 하고 부안을 향해 달렸다.

오랜 가뭄 끝에 드디어 장마가 시작되는 시점에 부슬비는 하염없이 서해안 바닷물에 소리 없이 잠긴다.

그 동안 국립공원으로 묶여 피폐해진 변산 해수욕장 근처를 우회로 돌아 한 참을 달리니, 부안지역 개발촉진지구 사업 착공으로 분주한 광경을 무심코 바라보다 10여 년 전의 부안 핵 폐기장 반대시위에 대한 기억이 어렴풋이 떠오

른다.

당시 부안 위도면을 방폐장 부지로 선정하려 하면서부터 정부는 민주적이고 평화적인 방법으로 문제를 해결하려고 노력하기보다는 방폐장 유치에 반대하는 주민들을 진압하기 위해 엄청난 경찰력을 투입하는 방식을 택했었다. 반대했던 주민들이 하루도 쉬지 않고 촛불을 켜고 시위를 벌였던 그 곳, 당시에 전쟁터와도 같았던 그곳에 대한 안타까움이 늘 한 켠에 자리 잡아 소리 없이 긴장했던 나날들이 주마등처럼 스치고 지나갔다.

오랜만에 재래시장의 진풍경을 하나하나 둘러보며 돌아갈 때는 싱싱한 해물을 한 보따리 사가지고 가야겠다고 마음을 먹고 약속 장소인 허름한 식당으로 향했다.

아는 지인은 여성경제단체장 당시 만났던 분으로서 이번 부안, 김제지역에서 큰일을 하실 분을 소개하기 위해서 자리를 마련한 거라 했다. 부안에서 다선을 한 조합장과 전 농협 본부장님과 부안개발지역에 일조하고 계시는 분들, 또 당시 지역치안을 담당했던 분을 비롯해 함께 한 자리였다. 남성들만의 정의와 의리에서 나오는 무언으로 통하는 진한 감동의 세계를 엿보는 듯했다.

"아이쿠! 오랜만입니다. 정말 보고 싶었습니다. 떠나신지 벌써 10년이 넘었네요. 하~ 세월 빠르네요. 하지만 지금도 우리들 가슴속에 선생님은 숨은 영웅으로 불리우고 있습니다."

"무슨 말씀을요. 그저 업무에 충실했을 뿐이지요. 그나저나 오늘은 좋은 분들 모처럼 만났으니 밥값은 제가 내겠으니 맘껏 드시지요. 하하하."

"아니! 유 회장님 오랜만에 뵙습니다. 역시 마당발이시네요. 여기까지 오실 줄 몰랐네요. 오랜만입니다. 여전하십니다. 사업은 잘 되시죠?"

인사를 나눈 뒤, 제철인 농어를 진하게 우려낸 생선탕을 먹으면서, 자연스럽게 10년 전 부안 핵 폐기장 반대시위로 1년 4개월 간의 복무 중 긴 난정에 두 번이나 쓰러져 병원에 실려 간 당시 숨은 영웅의 이야기를 서두로 화제는 이어졌다.

414차례의 집회는 작게는 200~300명에서 크게는 6000~7000명의 주민이 모여 날마다 밤 12시까지 평화적이나 격렬한 충돌시위가 있었다. 사망자는 단 한 명도 없이 '상호신사 협상'에 따른 약속된 집회 전략과 다산 정약용 선생의 가르침을 가슴에 새기며 주민들 편에 꿋꿋한 버팀목으로 서서 부안사태를 민주주의적으로 해결한 분을 부안에서는 명예군민으로 위촉을 했다. 그 분에 대한 비사 秘史에 대한 역사적 사실은 부안의 숨은 은인으로서 모두가 존경한다고 했다.

또한 임기를 마칠 무렵, 핵폐기물 건립에 관한 찬성의원과 반대의원 12명이 함께 하나의 공로패에 그간의 공로를 치하하는 내용을 담아 직접 전달하면서 유종의 미를 거둔 것에 대해서는 한 편의 드라마를 연상케 했다.

맑은 날이나, 비가 오고 천둥 번개가 치고 눈이 내리는 날에도 하루도 빠짐없이 부안사태를 막기 위해 온몸으로 부딪히며 해결한 그 분에 대한 이야기를 들으면서 나는 너무 감격스러운 나머지 팔에 소름이 돋았다.

그 분의 명성은 가는 곳곳마다 후배들이 롤 모델로 삼을 정도의 최고 선구적 역할을 했다는 담화들을 직접 듣고 있자니 갑자기 가슴이 벅차올랐다. 나는 이야기를 들으면서 그분이 누구실까? 하고 궁금해 했는데 그 주인공이 그 자리에 계셨다.

깜짝 놀라 다시 한 번 그분의 모습을 보면서, 그 뚝심과 뱃심이 어디에서 나왔을까? 참으로 대단하신 분이라고 생각했다.

그렇지만 아쉽게도 그 분은 시대적 배경인지, 아니면 정치적 논리인지 더 큰 발전의 기회를 놓치고 조기 퇴임해 야인으로 돌아갔다. 세인들은 그 분에 대해서 항상 아쉬워라 했고, 또 훌륭한 인재를 알아보지 못하는 이 시대의 인재 등용에 허점이 있음이 또한 안타깝다고 했다.

가슴 벅찬 이야기들을 끝으로 자리에서 일어나 밖으로 나오자, 어느 새 준비했는지 지인들은 아이스박스에 생합을 듬뿍 담아 포장된 꾸러미를 자동차 트렁크에 싣고 있었다.

자동차에 올라타면서 나는 문득 이순신 장군이 생각나

서 부안 근처의 이순신 활영지인 전라좌수영에 가보고 싶어졌다. 한 때 원균의 시기와 모함으로 세 번의 파직과 옥중생활을 겪고 두 번의 백의종군이란 시련도 있었지만, 정유년 일본이 재침략하자 복위됐던 이순신 장군의 심정을 헤아려보고 싶었다. 부안의 영웅과 이순신 장군에 대해서 곰곰이 생각하니, 일면상통 하는 게 약간 보이는 듯했다.

내심 도광양회韜光養晦를 떠올리며 또한 새옹지마塞翁之馬 를 되뇌어본다. 자신의 재능이나 명성을 드러내지 않고 참고 기다리다보면 인간만사의 길흉화복은 변화무쌍해 예측할 수가 없기 때문에 잠시 야인으로 돌아가 삶의 여유를 부리며 때를 기다리는 것도 좋을 것 같다는 생각을 해본다.

## 17

# 똥구덩이 터진 날

독서의 계절 가을이 성큼 다가왔다.

해마다 가을만 되면 무슨 책을 읽을까?를 고민하다가 고전 해학 책이 좋겠다 싶어 깊숙이 처박혀 있는 책장 속을 뒤지니, 수동 정만서에 대한 해학소설이 눈에 띄었다.

익살스럽고 장난기 넘치며 못된 짓하는 사람들 골탕 먹이는 내용들은 실로 웃음이 절로 나게 만든다.

나는 장난기를 좋아하고 웃음이 많다. 재미있는 것이 좋고 긍정적인 삶이 좋다. 수동 정만서의 장난기 넘치는 한 장면을 읽어 내려가니, 어렸을 적 실감나는 장면이 떠올라

피식 웃었다.

내가 다녔던 초등학교는 우리 집에서 출발하면 50분을 걸어가야 했다. 60년 초반에 태어난 친구들 중 우리 동네만 해도 내 동갑내기가 10명도 넘었고, 그 중에서 가장 친했던 옆집 친구 명현이와는 매일 등하교 길을 함께 다녔다.

"야들아! 오늘은 내가 반드시 저 웅덩이를 터뜨릴 거야."

신작로 아래 논 한가운데는 원인 모를 큰 구덩이가 있고, 그 구덩이 위는 표면이 말라 있어서 학교를 오고가면서 우리들은 너도나도 돌멩이를 하나씩 주워 무심결에 한 번씩 던지고 가는 게 습관이었다.

옆집 친구 명현이는 자신만만하게 웅덩이를 반드시 터뜨리고야 말겠다는 표정을 지으며 씩씩댔다. 우리 친구들은 길 밑에 커다랗게 파여져 있는 웅덩이에 무엇이 들어 있는지 확인하기 위하여 돌멩이를 던져서 반드시 터뜨리고 싶다는 욕망에 매일 오고가며 돌을 던졌지만, 잘 터지질 않았다. 그래서 그 웅덩이는 우리들을 상당히 지치게 만들었지만, 우리들의 집념은 악착같이 터뜨리고야 말겠다는 오기도 생겼다.

"오늘도 도저히 안 되겠다. 내일 다시 터뜨리기로 하고 그만 돌아가자."

지칠 대로 지친 상태에서 소달구지를 몰고 오는 아저씨

에게 사정을 하면서 소 구루마를 한번만 태워달라고 사정하자, 짐이 너무 많다고 안 된다는 것이다.

그래서 막걸리 한 사발 사드릴 테니 태워달라고 했더니, 그제서야 우리 일행을 태워줬다. 우리는 주머니를 탈탈 털어서 막걸리 한 되를 받아 노란주전자에 담아 아저씨게 건네주면서 감사하다는 인사를 했다. 돌아오는 길엔 먼지가 뿌옇게 쌓인 산딸기가 여기저기 즐비하게 익어가고 있었다. 어느 날 아버지가 노란 점퍼를 새 옷으로 사왔다고 명현이가 좋아라 하며 입고 와서는 뽐내고 자랑하는 모습을 보고 우리들은 부러워했다.

그 날도 그 노란 점퍼를 입고 온 명현이는 우리들에게 웅덩이 앞에서 만나자고 했고, 학교가 마치는 대로 우리들은 다시 그 웅덩이 앞에서 모였다.

"야들아! 오늘은 저 웅덩이를 터트릴 때까지는 집에 돌아가지 말자."

"그래 그러자. 어떻게 해서든지 웅덩이를 터뜨리는 거다, 알았지?"

너도 나도 약속이라도 한 듯 한쪽에 가방을 모아두고 우리들은 돌멩이를 찾기 시작했다. 주위에 있는 돌멩이가 없어서 야산으로 올라가 돌멩이를 찾기 시작했는데, 제법 큼지막한 돌멩이를 명현이가 찾아 끙끙대며 웅덩이 앞으로 왔다.

"야들아, 비켜! 자, 던진다. 이얏!"

"펑!"

커다란 돌멩이를 던지자, 드디어 굳었던 웅덩이가 '펑' 소리를 내면서 터졌다. 거무스레한 액체가 푹 튀어 솟아 올라오면서 옹기종기 모여 서서 웅덩이가 터지나 안 터지나 구경하는 우리들을 사정없이 덮쳤다.

"우웩! 이게 무슨 냄새야?"

특히 명현이는 아버지가 사다준 옷에 액체 범벅이 되고, 명현이의 얼굴과 머리마저 시꺼멓게 뒤집어씌워져 알아보기 힘들 정도로 꼴이 우스웠다. 그러니까 그 웅덩이는 농사철에 거름으로 쓰려고 인분을 부어놓은 웅덩이였다.

웅덩이가 터지는 바람에 우리는 그 날 보기 좋게 똥물을 뒤집어쓰고 말았다. 냄새는 코를 찌르고 머리와 옷에 묻은 똥물은 어떻게 해야 할지 모를 정도로 역겨워서 구역질이 날 정도였다.

똥물들을 뒤집어쓴 채 겨우 집에 도착하자마자, 여기저기서 엄마들의 질겁하는 고함소리와 우리들의 자지러지는 울음 섞인 소리로 그 날 밤은 밥도 굶은 채 하나같이 반성문을 써야 했다.

그 날 밤, 밥을 굶고 한 대씩 얻어맞고 모인 곳은 동네 우물가였다. 밥을 못 먹었으니 물이라도 먹자고 두레박을 올리려는데 두레박이 두 개였다. 당시는 냉장고가 없었기 때문에 우물 안에 두레박 비슷한 둥근 모양의 반찬통에 김치를 담가서 우물물 안에 넣어둔 것을 우리는 물을 먹기 위해 두레박을 건지다가 발견했다.

"야, 여기 김치가 있다. 배고프지? 이거라도 먹자."

서로 쳐다보는 것이 그러자는 것이었기에 누가 먼저랄 것도 없이 두레박 속의 김치를 꺼내서 먹다가 짜면 두레박으로 물을 떠서 물마시고 하기를 서너 차례 하다 보니 김치도 거덜이 났다.

평소에는 김치가 맛없어서 잘 먹지도 않았는데 우물 속에 있던 김치는 기가 막히게 맛이 좋았다. 거덜 난 김치 통을 보고 우리는, '설마 아무 일 없겠지?' 무언의 눈짓으로 조용히 자리를 뜨면서 속으로 또 죽음을 각오해야 했다.

"절대로 우리가 먹었다고 하지 말자. 우리는 모르는 일이라고 시치미를 딱 떼는 거다, 알았지?"

다음날 새벽부터 큰 대문 집에서 난리가 났다. 김치 담가서 우물 안에 넣어 놓은 게 밤새 어디론가 사라지고 없어졌다고 동네가 들썩였다.

"요년들, 어젯밤에 우물가에 앉아서 김치 훔쳐 먹은 년들 어딨냐? 이게 누구 거여. 어떤 지집애 거여. 잡히기만 해봐라. 누구여, 빨리 안 나오냐?"

하면서 범인의 것으로 추정되는 무엇인가를 손에 들고 온 동네를 휩쓸고 다니는데, 우리는 숨도 제대로 못 쉬고 얼어붙은 채 눈만 말똥거리며 모른 척했다.

그 날 밤, 우리들은 가로등도 없는 우물가에서 김치에만 눈독을 들인 채, 김치 먹고 물마시고 김치 먹고 물 마시는 행동에 잠시 본인들이 가져간 소지품들을 그냥 그 자리에 놓고 온 것이다.

소지품들을 조사하던 중 재수 없게, 앞집 사는 숙희의 손수건에 예쁘게 수놓아진 이름을 찾아서 범인을 찾아 추궁하자 숙희는 우리들을 범인으로 죄다 불어버렸다.

그러니까 범인들은 그날 똥물 뒤집어쓴 가시내들이 밥 못 먹고 쫓겨나서 김치 도둑질까지 한 것을 알게 된 것이다.

그 날 밤 김치를 몰래 먹었던 우리들은 다시 한 번 호되게 단체로 동네 한가운데서 엉덩이를 싸리 빗자루로 얻어맞는 진풍경을 만들어냈다. 고역을 치루고 학교에 도착하자 애들이 저마다 한마디씩 했다.

“야, 너 혹시 바지에 똥 쌌냐?”

“정말 똥 싼 것 아니냐? 이상하다! 니네들 자리에만 오면 왜캐 똥 냄새가 나지? 좀 씻고 다녀라 좀.”

분명히 우리는 어제 엄마에게 죽을 만큼 맞으면서 깨끗이 씻었는데, 냄새가 아직도 난다고 생각하니 어떻게 해야 할지를 몰랐다.

하교길에 우리들은 어제의 구덩이 앞에서 다시 뭉쳤다.

“우리는 왜 저 똥구덩이를 터뜨리려고 애를 썼을까?”

“그러게, 그런데 터뜨리고 나니까 궁금한 것이 없어졌잖아.”

“똥구덩이를 터뜨려서 얻은 것은 똥물과 매만 벌었다야.”

그러니까 우리들은 어른들 앞에서는 뛰어봤자 벼룩인 것이었다.

옛날 한나라 때의 일이다. 어느 연못에 예쁜 잉어가 한 마리 살고 있었다. 그러던 어느 날, 어디서 들어왔는지 그 연못에 큰 메기 한 마리가 침입하였고 그 메기는 잉어를 보자마자 잡아먹으려고 했다.

잉어는 연못의 이곳저곳으로 메기를 피해 헤엄을 쳤으나 역부족이었고, 도망갈 곳이 없어진 잉어는 초어적인 힘을 발휘하게 된다. 잉어는 자기도 모르는 사이에 뭍에 오르게 되었는데 지느러미를 다리삼아 냅다 뛰기 시작했다. 메기가 못 쫓아오는 걸 알게 될 때까지 잉어가 뛰어간 거리는 약 9리 정도였을까. 아무튼 10리가 좀 안 되는 거리였다.

그 때 잉어가 뛰는 걸 보기 시작한 한 농부가 잉어의 뒤를 따랐고, 잉어가 멈추었을 때 그 농부는 이렇게 외쳤다.

"어주구리魚走九里, 고기가 9리를 달렸네!"

# 18

## 조온마난색기 趙溫馬亂色期

일본역사 인물 중에서 독특한 개성을 지닌 유명한 3인이 있다.

그 중에서도 16세기 전쟁이 끊이지 않았던 전국시대로 거슬러 올라가보면, 오다노부나가와 토요토미 히데요시는 오늘날에도 많은 학자들의 연구대상이 될 만큼 특이한 존재이다.

많은 차이점에도 불구하고 한 가지 공통되는 점은 그들 모두 색을 몹시 밝혔다는 점이다. 이들 두 사람은 본처를 제외하고 측실을 많이 두었음에도 자기가 데리고 있는 부하들의 부인을 넘보고 툭하면 손을 내밀었다.

당시 모리 란마루라는 소년과의 동성연애로 유명했던 오다노부나가는 여성을 싫어했을 것이라는 추측으로 의아해하고 있었지만, 사실은 노부나가도 부하들의 아내도 탐했고, 자식도 21명 이상을 두었다. 그러니까 주종관계가 엄격했고 윤리가 생명만큼 중요시되었건만, 그들은 "내 것은 내 것이다. 그리고 또 네 것 또한 내 것이니 가만 있거라." 하는 놀부 같은 심보로 부하들을 괴롭힌 것이다.

히데요시는 고약한 유부녀를 선호하는 습관 때문에 예쁜 부인을 둔 부하들 중에서는 자기 부인의 얼굴에 일부러 가벼운 화상을 입혀 못생기게 보이게 만들었다는 일화도 있다. 히데요시는 비천한 출신으로 원숭이를 닮았다 하여, 오다노부나가가 항상 부를 때 원숭이라 불렀고 키는 150~160센티미터의 왜소한 체구였다.

히데요시는 이름을 세 번 바꾸고 성씨는 네 번이나 바꿨다. 쇼군이 되어 열등감에 오사카 성을 웅장하게 지었고, 정실인 네네 이외 16명의 부인과 측실 300명을 두고서도 귀부인들을 닥치는 대로 괴롭힌 것은, 별 볼 일 없는 가문 출신과 신체적 열등감에서 오는 삐뚤어진 자격지심이자 치졸한 지배심리의 거만함이라고 하겠다.

72대 시라가와 천황 역시 재임 기간 내 희대의 호색한이었으며, 여자관계가 복잡해 많은 여자들과 관계를 가졌으면서도 궁중여인들은 말할 것도 없고 심지어 손부孫婦까지 범했으며 남색을 즐기기도 했다. 게다가 당시 권력을 과시하던 근신이나 호쿠멘의 무사들 중에는 그의 애인으로 동성애 관계에 있었던 자들이 많았다고 한다. 거기다 자신이 관계를 가진 여인들을 신하들에게 선물을 주듯 나누어 주기도 했으며, 궁중의 수많은 여자도 모자라 기생 혹은 창녀라 불리는 유녀들까지 불러들이는 그야말로 난잡한 행위를 했지만, 천황이 기 때문에 질책을 받거나 폐위되지는 않았다.

나는 이들을 보면서 조온마난색기趙溫馬亂色期라는 말을 떠올려봤다.

옛날 중국 춘추전국시대 어느 현에 조 씨 성을 가진 사람이 살고 있었다.

조 씨에게는 만삭의 부인이 있었는데, 어느 날 부인이 꿈을 꾸었다. 말 한 마리가 휘황찬란한 띠를 두르고 여기저기를 날아다니더니 갑자기 온천으로 들어가 목욕을 하고 나서 또 날아다녔다가 다시 온천에 가서 목욕을 하는 것이었다. 특이하고 이상해서 '참으로 이상한 말이로구나.' 하면서 잠에서 깨어났다.

"여보! 어젯밤 꿈이 예사롭지 않은 것 같아요."

"그것 참 좋은 태몽이구려. 어서 빨리 우리 아들을 봤으면 좋겠소. 아마도 우리가 말처럼 활달하고 기운 센 아들을 얻게 될 태몽인 것 같아요."

며칠 뒤 조 씨 부인은 매우 건강한 사내아이를 순산하였고, 조 씨는 태몽에 따라 아이의 이름을 '온마溫馬'라 하였다.

온마가 어느덧 세월이 흘러 스무 살 정도 되었음에도 키는 좀처럼 자라지 않고 겨우 150cm를 정도로 그치고 말았다. 또한 조온마는 조 씨 부부가 꿈 해몽을 믿고 활달하고 기운 센 아들을 얻게 될 것이라는 기대와는 다르게 망나니처럼 행동했다. 마을의 처녀란 처녀는 죄다 욕보일 뿐 아니라, 이웃동네는 물론 그 주위에 처녀를 희롱하고 난잡하기 이를 데 없는 난봉꾼이 되었다. 피해를 본 부모들과 이를 보다 못한 마을 사람들은 결국 조온마를 관아에 고발하였고 조온마는 판관 앞에 끌려가게 되었다.

판관은 그 동안의 조온마의 행위에 대해서 듣고 말하길,

"조온마는 키도 작은데다가 기운 센 것은 색기色起 하나이니 그 색기로 인하여 마을을 어지럽혔다趙溫馬亂色期. 따라서 거세를 당함이 마땅하다."

라고 판결을 하였다.

결국 조온마는 관중들 앞에서 거세를 당하였고, 후일 사람들은 경거망동하게 행동하고 잘난 것도 없으면서 자신을 과시하는 사람에게 조온마의 일을 상기시키기 위하여 '조온마난색기趙溫馬亂色期'라고 충고를 하게 되었다고 한다. 그러니까 조온마난색기趙溫馬亂色期라는 말은 경거망동

한 사람에게 충고할 때 쓰는 말로써 '분수에 지나친 행동을 경계하라'는 깊은 교훈을 담고 있는 것이다.

중국 조온마가 사는 현에 사는 조선족 여인이 이 말을 듣고 조선에 건너와서 조온마난색기趙溫馬亂色期에 대해 분수에 지나친 행동을 경계하라고 하며 전하길, 조온마난색기趙溫馬亂色期를 줄여서 존만한색기趙馬亂色期로 말한 까닭에 조선 사람들은 자칫하면 욕설로 느껴져 곤혹을 치루는 일이 많았다고 한다.

하여, 조선에서는 조온마난색기趙溫馬亂色期를 키가 작고 색을 밝히며 난잡하게 사는 사람에게 일침을 놓는 용어로 쓰여지게 된 것은 믿거나 말거나이다.

이 말과 관련하여 우리 조선인들은 히데요시를 일컬어 부르지 않았을까 싶다. 임진왜란 당시 히데요시는 천하를 통일한 뒤 자신의 과욕을 내세우기 위하여 명나라를 치기 위해서 조선을 업신여기고 경거망동하게 "야, 우 리가 명나라를 칠 건데 니네들 길 좀 터 줄래?" 하면서 조선을 얕잡아봤다. 그러나 이순신 장군이 일본을 보기 좋게 물리치면서 히데요시의 과대망상은 물거품이 돼버렸다. 이에 걸맞는 고사성어가 아닌가 싶을 정도로 흡사하다.

한때는 히데요시의 행위 때문에 일도이비삼첩사기오처一盜二婢三妾四技五妻라는 기가 막힌 명언도 등장했다. 부녀자들을 농락하고 자기 부하의 부인들을 취하였기에 일도

이비삼첩사기오처一盜二婢三妾四技五妻라는 말은 남성들로부터 재미난 유머처럼 당시 우리나라까지 전해져왔다.

그렇다면 이 시대의 조온마난색기趙溫馬亂色期의 죄는 누구를 지칭할지 궁금하다.

## *19*

# 주꾸미와 냉이

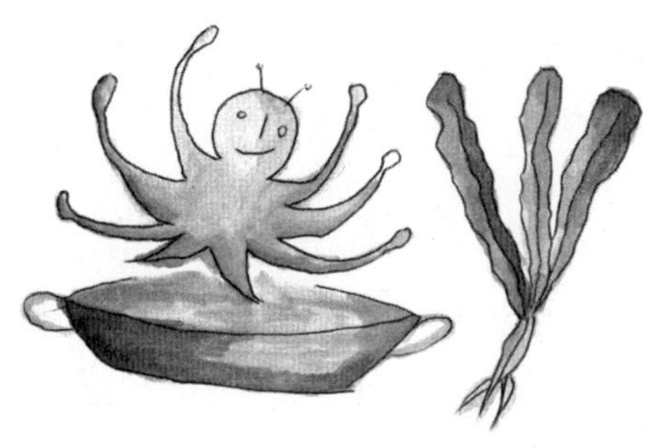

봄의 따스한 햇살은 창문을 타고 거실 안쪽까지 화창하게 스며들었다.

쟈스민 향기가 물씬 풍기는 차를 한 잔 들고 창가로 다가갔을 때, 전화벨이 울렸다. 서울로 시집 간 지 30여 년 만에 까마득히 이름도 잊고 얼굴도 잊은 지 오래된 친구로부터 연락이 온 것이다. 기억조차 가물가물한 그녀는, 학창시절 꽤나 예쁘고 키도 크고 애교만점의 친구였다.

어디를 가든지 인물이 뛰어나고 인기가 많아서 우리는 그 친구 덕에 먹을거리가 늘 풍부했었다.

30여 년 만에 보는 그 친구는 어떤 모습일까? 일단 나는 우리 집으로 오라 했고, 서둘러서 외출준비를 끝냈다. 집으로 들어서는 친구는 허걱! 예전의 모습은 어디론가 사라지고 상체는 오천 평이 되어 있었으며, 하체는 금방이라도 쓰러질 것 같은 불균형의 체형으로 변해 있었다.

"야, 너 어쩌다 이렇게 망가졌냐?"

처음 보자마자 내 뱉은 나의 첫마디에 친구는 피식, 웃으며 덥다고 창문을 열든지 선풍기를 가져오라고 우겨댔다. 그리고는 어려서 갱년기가 빨리 온 것 같다면서 불만 섞인 목소리로 투덜대었다.

그 동안 강산이 서너 번은 더 변했을 텐데, 연락 한 번 없다가 내 연락처는 어떻게 알고 무슨 바람이 불어서 이곳까지 갑자기 눈썹이 휘날리도록 달려왔느냐고 물었다. 그랬더니 그 동안 앞만 보고 살다가 사는 게 구차하게 느껴져서 문득 친구가 생각나 찾아왔노라고 했다.

새파란 보리밭을 한참을 내달리다 서해안 바닷길을 돌아 우리는 바다가 보이는 창가에 자리를 잡고 앉았다.

"주꾸미 샤브샤브 되죠? 된장 섞인 육수에 냉이를 듬뿍 넣어 주세요."

주꾸미와 냉이를 곁들인 샤브샤브를 시켜놓고 친구는 본인이 살아온 이야기를 슬쩍 꺼냈다.

결혼 초부터 의처증이 심했던 남편은 친구를 꼼짝 못하게 집안에만 처박혀 있게 했기 때문에 본인은 할 줄 아는 게 아무것도 없다고 했다. 자신만 남기고 1년 전 세상을 떠나버린 남편이 야속하기도 하고, 무능력하게 살아온 자신의 삶을 돌이켜보니 마음이 허전하다고 했다. 수소문 끝에 내가 여성경제단체장이라는 말을 듣고, 도움이 될 만한 자문을 구하고자 달려왔다는 것이다.

내가 도움을 줄 만한 것이 하나도 없었다. 그녀는 식당에 대해서 언급을 했다. 식당도 경험이 있어야 하고 음식 솜씨도 좋아야 하지만, 마케팅 전략과 경영에 대한 뒷받침도 무시하지 못한다고 말하자 어렵다며 한숨만 쉬었다.

자식 낳고 집안에만 처박혀 돼지처럼 살아온 자신의 인생이 한심하다고 했다. 배운 것도 없고, 그렇다고 외모도 뛰어나지 못하고 어떠한 능력도 없었다. 자신이 할 수 있는 것이라고는 아무것도 없으니 무얼 해서 먹고 살아가야 할지 걱정이 태산 같다고 했다.

체력은 어떠냐고 물었더니, 바보스럽게도 건강은 타고났다고 했다. 나는 조심스럽게

"혹시 너 용접 같은 것 배울 생각 없냐?"

라고 말했더니,

"무슨 여자가 용접을 배우냐?"

라고 반문해왔다.

나는 중소업체에서는 인력이 부족한데 젊은 층은 모두 대기업만을 선호하니, 중소업체는 인력난에 힘들어하고 있다고 설명을 해주었다. 그러니까 아직 늙지 않았다고 생

각하고, 정부에서 위탁하는 전문학교를 찾아가서 기술부터 배워 자격증을 취득한 후 중소업체라도 취직하라고 알려주었다. 그제서야 친구는 얼굴에 화색이 돌았다. 당장 서울에 올라가서 그것부터 알아봐야겠다고 하면서 역시 나를 만나기를 잘했다며 연신 떠들어댔다.

나는 좌절보다 그나마 희망적인 기대를 준 것 같아 한 켠으로 안심이 되었다. 남편 죽고 얼마나 살기가 힘들었을까? 마음을 조금은 이해를 하면서 봄의 정기를 받아 힘차게 살아보라고 주꾸미와 냉이로 식사메뉴를 정했다.

창밖을 내다보니 탁 트인 바다가 호수처럼 잔잔했다. 창문 너머엔 저만치서 한 쌍의 커플이 팔짱을 끼고 여유 있게 데이트를 하는 장면을 보고 친구는 우리도 식사가 나오기 전에 잠시 밖에 나가서 걷고 싶은 충동이 생긴다고 말한다. 나는 저들의 데이트에 방해가 되지 말자면서 말렸다.

친구는 피식 웃으면서,

"그래, 우리가 눈치코지 없이 나가서 설친다면 저들의 데이트에 방해가 되겠지?"

하면서 턱을 괴고 앉아서 그들을 지켜봤다.

그들은 천천히 걷다가 마주보고 서서 서로를 쳐다보았다. 이쪽은 의식하지도 않은 채 갑자기 남자가 여자의 얼굴을 두 손으로 감싸쥐고 입맞춤을 한참이나 했다. 여자는 사방을 두리번거리더니, 얼른 입을 두 손으로 막고 수줍은

듯이 바닷가를 향해 손짓을 했다. 바닷가 저편에는 조각배 하나 없이 고요했다. 우리가 지켜보고 있는 줄도 모르고 그들은 두어 번의 입맞춤을 더 하고는 사라졌다.

종업원이 상차림으로 푸짐하게 주꾸미와 냉이를 가져오자 냉이에서 향긋한 봄내음이 풍겼다. 된장을 첨가한 육수에 주꾸미와 냉이를 넣어 살짝 익힌 뒤에 초고추장에 찍어 먹으니 맛이 일품이었다. 냉이는 심신을 안정시켜주고 신진대사를 촉진해주는 뛰어난 효능이 있다고 한다.

몸이 나른하거나 밥맛이 없을 때 냉이로 만든 음식을 먹게 되면 영양섭취 뿐 아니라 입맛과 기력을 회복시켜주는 탁월한 효능도 있다. 또 주꾸미는 간장의 해독 기능을 강화시키고 혈중 콜레스테롤의 수치를 낮춰주기 때문에 피로회복에 좋고, 기억력 향상이나 치매예방에 매우 좋다고 한다.

매년 이맘때가 되면 봄철 환경변화에 인체가 적응하지 못해 발생하는 자연스러운 신체반응으로 공포의 대공습이 등장한다. 춘곤증이 나타날 때 가장 주의해야 할 점은 잠복해 있던 다른 질병이 동반될 수 있다는 것이다.

대개 건강한 사람은 1~3주 머물다가 사라지나 춘곤증 증세가 지속된다면 피로 속에 숨겨진 다른 질병들이 있는지 살펴보는 것이 중요하다. 제철에 나는 음식이 최고의 건강식이다 하니, 우리주위에서 흔히 볼 수 있는 봄나물이나 제철음식으로 건강을 챙겼으면 한다.

*20*

## 차 한 잔의 여유

다실에는 그 흔했던 다도구茶道具가 사라지고 커피 종류만 수북이 쌓여 있다. 취향에 맞게 차 한 잔을 만들어 홀짝거리다가 클래식 CD 음반을 넣고 살짝 볼륨을 높이니 커피 향과 잘 어울린다.

쇼파 옆 서랍을 무심코 열자 소형앨범이 눈에 띄어 열었다. 그 속에 들어 있던 일본에 갔을 당시 다도예절茶道을 배우며 찍은 사진들이 눈에 들어왔다.

사진 속 5월 연녹색 녹차 밭에 아침이슬 머금은 이파리가 무척이나 연하고 예뻐서 뭐라 형용할 수 없을 정도로 사랑스러웠다.

며칠 전 사무실로 귀한 손님이 오랜만에 찾아오셨다. 나는 손수 녹차를 내린답시고 다도구도 없이 알량한 찻잔에 거름망도 준비하지 못한 채 일본에서 가져온 녹차를 자연스럽게 꺼내어 차를 내려 한 잔 드시라고 권했다.

"햐, 녹차 색깔이 너무 곱습니다. 맛도 좋고요."

"색깔이 곱죠? 찐 차라서 그래요."

"찐 차라니요?"

"아, 우리나라의 녹차는 덖음차이지만 일본의 녹차는 쪄서 말린 기계차라는 거죠."

"녹차를 우려낼 때 물 온도는 무조건 80도 정도여야 한다는데, 맞나요?"

"그건 녹차에 따라서 물 온도가 다른 걸로 알고 있어요. 그런데 일본 녹차는 반드시 80도 정도를 유지해야 합니다."

"다도는 복잡해서 격식 갖추기가 힘드네요."

"차를 우려 마실 때 일본식 녹차를 70~80도 정도로 식힌 물로 우려내는 이유는, 찐 차에 열탕을 붓게 되면 떫은 맛과 쓴맛이 강해져서 이를 완화하고자 한 데서 나온 방법입니다."

내가 찐 차를 뜨거운 물로 우려내니 색깔은 고우나 떫은 맛과 쓴맛이 강했다.

그러나 한국의 덖음차는 물 온도에 상관하지 않는다. 마시는 사람의 취향에 따라 뜨겁게도, 좀 덜 뜨겁게도 마실 수 있다. 한국의 전통적인 가마솥에서 덖어서 만드는 자생차는, 그 우려낸 색이 연한 다갈색이며 맛 또한 구수한 숭늉 냄새가 나서, 한국인의 입맛에 딱 들어맞는다.

일본다도의 원조인 센노리큐(1522~1591)가 와비차를 널리 보급시키면서 형식 및 격식에 따라 강조했다면, 초의선사(1786~1876)는 일상생활에서 자연스럽고 편하게 격식 없이 마시는 것이 다도라고 했다

우리나라는 이미 신라시대부터 차 문화에 대한 설이 있으나, 아쉽게도 이를 기록하지 않아 자료가 없어 인정받지 못하고 있다가, 초의선사가 뒤늦게 한국의 다도를 정리하여 '다도는 차가 준수해야 할 덕을 말하고, 덕은 도를 닦아 체득한 품성이다' 라고 했다.

차의 고전적인 형태는 원래 중국, 한국, 일본이 서로 유사했다.

몇 년 전 우리나라에서도 다도예절을 배우는 사람들이 많았었는데, 어느 날부터인가 길거리를 지나칠 때면 커피향이 코를 자극하면서 대중들은 커피 향을 찾아 자연스럽게 차 한 잔의 여유를 즐기며 자유로워졌다.

복잡하며 예절에 대해서 지나치게 격식을 갖추고 차를 마시는 다도茶道에 비해서, 쉽고 마시기 좋은 커피는 우리 일상생활에 안성맞춤인 음료로 등장했기 때문이다. 그러나, 정서적으로 커피숍과 다실茶室에서 마시는 차 맛은 성

격이 좀 다른 것 같다.

왠지 커피를 마실 때는 청바지나 티셔츠를 입고 큰소리로 말하며 웃고 떠들어도 부담 없어 활달하지만, 다실에서 마시는 차는 격식을 갖추기 때문에 양복이나 정장을 입고 예의를 갖추는 듯한 느낌을 받는다.

인간은 마른 목을 축인다는 생리적인 욕구를 해결하기 위하여 물을 마셨으며, 그것은 차츰 더 맛있는 음료를 추구하는 것으로 발전하였다. 서구문화의 급격한 유입에 따라 전통문화가 날로 쇠락하는 상황에서 커피가 일상을 전방위적으로 파고들고 있는 가운데 녹차와 같은 전통차가 하루가 다르게 뒷전으로 밀려나는 양상을 보이고 있음은, 현대 사회는 복잡함보다는 편리성을 더 추구하기 때문이 아닐까 생각한다.

## 21
# 첫날밤에 ~~~ 그냥 잤네

쇼핑을 하다가 어깨가 아파서 비파 뜸으로 치료한다는 장소에 들렀다. 여성들은 나이가 들면 양기가 입으로 올라오는지 야한 말도 아무렇지도 않게 서슴없이 내뱉으며, 어디서 들은 결혼 첫날밤의 이야기들을 재미있게 떠들어 댔다.

"선희네가 몇 달 전에 결혼했잖아. 그런데 첫날밤 이야기 때문에 어찌나 웃음이 나던지……."

"왜 첫날밤에 무슨 일 있었대요?"

"그 집 남편이 첫날밤에 너무 와일드하게 행동하는 각시 때문에 겁먹고 놀랐던 것에 대해서 지금도 가끔 놀린다네."

"도대체 무슨 일이 있었는데요."

"선희네는 지가 숫처녀도 아닌 것이 숫처녀처럼 첫날 밤이 무섭고 겁이 난다며, 남편 아는 사람들을 불러서 모두들 술을 몽땅 마셨다지 아마. 선희네는 술도 못 마시잖아. 술 몇 잔 먹고 술이 많이 취하니까 선희네는 결혼한 것도 잊어버리고 호텔에 들어가서는, 평소에 하던 식으로 샤워를 하고 나오면서 상의는 입고 하의는 벗고 나오는 것을 남편이 보고 눈이 휘둥그레졌대요 글쎄."

"어머머! 그래서요?"

"그 날 남편도 술을 많이 마셨었는데 술이 확 깨더래요. 상의만 입고 나온 신부를 보고 너무 황당하기도 하고 웃음이 나오기도 해서 어찌 하는가 지켜봤더니 얌전히 침대에 올라가서는 자더래요."

"근데 뭐가 우스워요?"

"선희네 남편은 새색시가 술 먹고 행동하는 모습을 보고 처음에는 너무 씩씩해서, 오늘밤 나는 죽었구나 하며 무서워했대요. 의외로 얌전히 자고 있는 선희네를 남편이 살짝 손을 대니까, 남편이 옆에 오지도 못하게 새 신부가 밤새 방어만 하다가 그냥 잤다는 이야기죠. 호호."

어느 해 중국 여행 코스를 잡아 다양한 사람들 20여 명이 뱃길에 올랐다. 배를 타고 중국에 가는 것은 처음이라서 궁금했는데, 선실에 들어설 때 퀴퀴한 냄새부터 시작해서 구역질이 나올 것 같은 지저분함이 온몸을 진저리치게 했다.

여기저기 속옷이 걸려 있고, 중국말로 떠들어대는 사람들 틈바구니 속으로 특실이라고 씌어 있는 곳에 들어서니, 2인실로 작은 침대 두 개와 쇠사슬로 꽁꽁 묶어놓은 냉장고 1대가 놓여 있었다.

엉덩이만 돌리면 닿을 듯한 화장실과 세면대가 전부인 특실이 가관이다. 밤새 흔들리는 배에 몸을 싣고 아침에 도착한 곳은 산동의 한 항구였다. 일행들은 숙소까지 장시간 달리는 차속에서 각자의 소개를 하고 여행을 오게 된 사연들을 말하기도 했으며, 반주 없이 노래도 부르고 지루함을 달랬다.

60대 초반의 여성 한 분이 나와서 이번 여행을 오게 된 사연과 함께 노래를 하겠다고 한다.

"첫날밤에, 첫날밤에, 첫날밤에, 첫날밤에~"

'울밑에선 봉선화야' 라는 곡에 '첫날밤에' 라는 가사를 붙여 노래를 하는데, 계속 '첫날밤에' 만 읊어대는 것이다. 그러니까 첫날밤에 어쨌다는 것인지…….

웃지도 않으면서 노래를 부르고 있는 여성의 심각한 얼굴을 보고 있자니, 첫날밤에 어쨌다는 것인지 더욱 궁금했다. 그러자 마지막 부분에는 힘이 없이 조용하게, "그~냥~잤~네~" 하고 끝을 맺는다.

다음날 아침에 다음 코스로 가기 위해 버스에 올라탔다. 전날 밤에 잠시 일행들이 모여서 티타임을 가졌었는데, 그 중에서 한 부부는 그 날 밤에 참석을 하지 않았다. 그래서 우리는 여행 온 첫날밤 무슨 일이 있었는지 청문회를 해야 한다고 떠들어댔다.

나 박사님은 판사가 되고 최 회장님은 검사, 그리고 나는 그 부부의 변호사가 되었다. 검사는 잉꼬부부의 죄를 밝혔다.

"모든 단체 행동에 있어서 한 부부만 이탈하여 밤에 나오지 않았으니, 우리의 여행 법규에 저촉되는 행위를 하였으므로 전원의 만장일치로 청문회를 하기로 하였기에, 피고인 저 잉꼬부부를 벌하여 주시기 바랍니다. 먼저, 증인의 말을 듣기로 하겠습니다."

"본 증인은 거짓말을 하지 않을 것이며 진실만을 이야기 하겠습니다. 어젯밤에 티타임이 있으니 로비로 9시까지 나와 달라고 전화를 했었는데, 전화를 받았을 때부터 목소리가 이상했었습니다. 분명 무슨 일이 있었던 것 같았습니다. 그러더니 참석을 안 했습니다."

변호사가 곧바로,

"이의 있습니다. 전화목소리가 이상했다고 해서 무슨 일이 있었을 것이라는 것은 추측에 불과합니다. 정확한 증거도 없이 추측만으로 피고인을 모함하는 것은 인정할 수 없습니다."

그러자 관중에서,

"어젯밤 집이 흔들려서 잠을 못 잤습니다. 아무래도 저 부부 때문인 것 같습니다."

"존경하는 재판장님! 이건 어디까지나 모함입니다. 변호인 측 증인의 말을 듣기로 하겠습니다."

제2의 증인은 피블렛을 들고 나오면서,

"에- 어젯밤에 잠이 안 와서 밖에 잠시 나왔는데요. 호텔 앞에서 포크레인이 와서 밤새 공사를 했습니다. 그 진동인 것 같습니다. 여기에 진동기를 가지고 왔으니 확인하시면 될 것입니다."

판사가 피고인인 잉꼬부부에게 "피고인 측 마지막 한 말씀 하시지요."

"아니, 부부끼리 해외여행 와서 첫날밤 같이 있고 싶어 그랬는디, 뭐가 잘못되었습니까? 그리고, 침대만 흔들렸지 건물까지는 흔들리지 않았으요."

그 날 청문회 심판은 차가 멈추는 바람에 다음 기회에 하기로 했다.

결혼 첫날밤에 있는 에피소드는 누구나 가슴에 간직하고 싶은 추억일 것이다. 청춘남녀의 이런저런 첫날밤의 재미있는 추억들은 많겠지만, 자연스러운 자리에서 중년 나이에 첫날밤의 이야기를 아무렇지도 않게 꺼내놓으며 함께 웃음을 나누는 풍경은 또 하나의 인간이 살아가는 데 있어서 진솔한 면모인 것 같다.

# 22
## 취업깡패

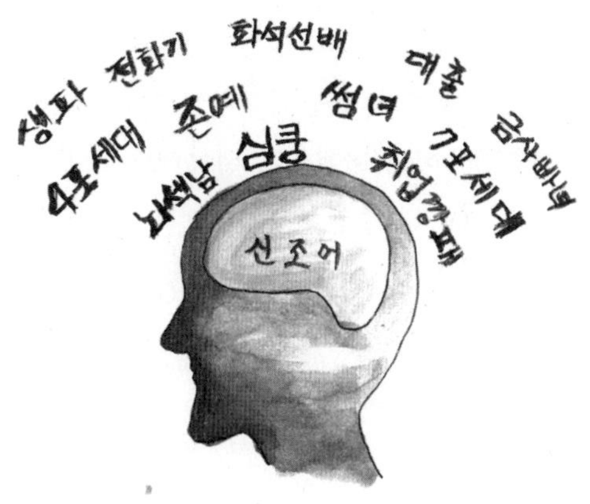


"와! 심쿵!"

"존예다!"

흰색 원피스를 곱게 차려입고 단아하게 걸어가는 여학생을 보고 남학생들이 뒤에서 하는 말이다.

'심쿵'이란 예쁜 여자나 잘생긴 남자를 보고 심장이 쿵할 정도로 놀랐을 때 쓰는 말이고, '존예'는 존나 예쁘다라는 소리란다.

지나가는 여성에게 하는 말이 재미있어서 잔디가 깎인 위에 다소곳이 자리 잡고 있는 벤치에 앉아 책을 들여다보면서 남학생들의 대화를 듣고 있자니, 내가 교수인 줄 알고 학생들이 인사를 한다. 그러면서 자신들의 대화에 열중이다.

"야, 너 썸녀 있냐?"

"썸녀 있으면 뭐하냐? 4포 세대에서 7포 세대로 가는 중이다. 이래서 결혼이나 하겠냐? 그래서 안 습이다."

"절대 공감이다. 근데 전화기가 지난번에 취업깡패였는데, 그 과도 화석 선배들이 졸라 많이 늘었단다."

그러면서 대화를 하던 중에 지나가는 학생을 보고 자신의 지갑에서 학생카드를 꺼내어

"야! 잠깐 이걸로 대출 좀 대신 해줘. 금방 들어갈게."

"오늘 저녁에 태원이 생파 있는데, 너 올 거지?"

"그래 알았어. 금사빠녀라도 있으면 좋겠다."

이들이 하는 대화를 듣고 있자니 외국어를 한마디씩 섞어서 하고 있다는 느낌을 받았다. 키가 작달막하고 귀엽게 생긴 학생에게 방금 한 내용 중에서 대출을 대신 해달라고 했는데 어떻게 본인이 아닌데 대출을 받을 수 있느냐고 물었다.

그러자 그 남학생이 자세하게 설명을 해준다. 대출은 대신 출석을 체크해달라는 말이며, 심쿵!이라고 말할 때는 심장이 딱 멎는 듯한 표정으로 왼쪽 가슴에 손을 얹고 감동하듯이 말하는 것이란다.

존예다! 라고 했을 때도 역시 너무 예뻐서 바라만 봐도

예쁜 것을 감탄하듯이 말해야 실감이 나는 것이라고 하면서 씨익 웃으며 자세하게 용어에 대해서 설명을 해줬다.

왜 예쁜 우리말을 두고 이상하게 말을 만들어서 사용하느냐고 물었더니, 요즈음 젊은 층에서는 줄임말로 쓰는 게 유행이라면서 그것도 모르냐는 식으로 오히려 나를 이상하게 쳐다본다.

사실 나는 대학시절 일본학을 전공했기 때문에 경영을 하면서도 늘 경영이론에 대해서 좀 더 공부를 해야겠다는 생각을 했기에, 올해 경영학부 3학년 학사편입을 하면서 늦깎이 학생이 되었다.

강의를 들으면서 같은 학생의 신분이지만 대화 속에서 세대차이가 나는 것이란 이런 것이구나, 하고 실감하게 된다. 젊은이들과 어울리면서 그들의 생각을 들여다보니, 취업에 대한 미래의 불안감이 자신감을 떨어뜨리고 힘들어하는 모습에서 요즈음 젊은 청년들의 고민거리를 다시 한 번 안타깝게 생각했다.

맘에 드는 여성이 있어도 취직의 불안함과 미래의 걱정 때문에 4포 세대에 이어 7포 세대를 걱정해야 하는 이 시대의 젊은이들을 생각할 때 경영자의 한 사람으로서, 특히 전북의 열악한 환경 속에서 일자리 창출이 해결될 수 있을지에 대한 막연함과 어떻게 하면 어른들이 꿈과 희망을 이들에게 심어줄 수 있을까?를 고민하게 되었다.

두려움은 두려움을 낳고 그 두려움은 또 새로운 두려움

을 낳는다고 했다. 두려움은 곧 공포로 변하여 자신을 지배하게 될 것이니 시대적 배경의 흐름에도 좌절하지 말고 꿋꿋하게 앞길을 헤쳐 나가길 바랄 뿐이다.

**신조어**

| | |
|---|---|
| 썸 타다 | 사귀기 전 서로를 알아가며 친하게 지내기 시작한다는 뜻 |
| 4포 세대 | 연애 포기, 결혼 포기, 출산 포기, 인간관계 포 기 |
| 7포 세대 | 연예, 결혼, 출산, 인간관계, 주택구입, 희망, 꿈 포기 |
| 안 습 | 눈물나게 슬프다 |
| 전화기 | 전기, 화공, 기계과의 줄임말 |
| 취업깡패 | 다른 과보다 취업이 잘되는 과를 가리킴 |
| 화학선배 | 졸업은 하지 못하고 취직 준비하는 학생 |
| 대 출 | 대신 출석체크 |
| 생 파 | 생일파티 |
| 금사빠녀 | 금방 사랑에 빠지는 여자 |
| 존 잘 | 존나 잘 생긴 남자 |
| 존 예 | 존나 예쁜 여자 |
| 꼬 돌 남 | 꼬시고 싶은 돌아온 싱글 남성 |
| 뇌 섹 남 | 뇌가 섹시한 남성 |

## 23

# 키스 타임

요즈음 메르스 바이러스 확산으로 인한 사망자가 늘어나면서 전국적으로 사람들은 우울해졌다. 행여 바이러스가 옮겨 붙을까봐 자유자재로 다닐 수도 없고, 좋은 사람들과 만나서 만찬의 기회도 없어져버렸다.

사람들은 언제까지나 이런 분위기 속에서 지내야 하는지 걱정되기도 하고, 아플 때 병원조차도 안심하고 다닐 수 없어 불안해하고 있다.

나도 할 일 없이 집안에 처박혀 애꿎은 TV만 이리저리

돌려보다가, 낯익은 코미디언들이 나와서 각자의 개성을 살려 웃겨주는 개그 프로그램을 시청하게 되었다. 코미디 프로그램은 늘 우리에게 즐거움을 주고, 슬프거나 화나는 일이 있을 때 잠시 쉬어가도 좋은 것처럼 안정제를 복용하듯이 편안함을 준다.

화면 속 장면은 선남선녀 커플과 남자 둘이 주인공인 듯했다. 이벤트의 하나인 야구장 키스타임 미션에서 멤버들은 각자 짝꿍과 함께 전광판이 비추어지면 키스를 하는 타임이 정해진다.

선남선녀 커플이 전광판에 비추어지면 "키스해! 키스해!" 라고 장단에 맞춰 응원하면 자연스레 선남선녀 커플은 보란 듯이 키스를 해서 상대방의 부러움을 한눈에 받는다.

반면, 야구경기장에 어렸을 적 별로 친하지 않고 싸움만 했던 친구가 스님과 목사님이 되어 초등학교 동창회에 나왔다.

이 날 스님과 목사님은 예전과 마찬가지로 상대를 공격하면서 같은 자리에 앉게 되었는데 키스타임 전광판에 둘의 얼굴이 비추어지자 서로 키스를 안 하려고 고개를 숙인다. 이번에도 관객들은 "키스해! 키스해!" 를 외쳐댔다.

정말 키스타임에 걸렸다고 키스를 할까? 궁금했는데 본인들도 황당한 건지 망설이던 그들에게 '키스하면 신상품

에어컨을 상품으로 준다'라는 홍보 멘트가 나오자, 상품에 눈 이 어두운 남자 둘 중 한 사람이 얼른 상대방 얼굴을 두 손으로 잡고 입술에 키스를 하는 바람에 관객은 고함을 지르며 웃어댔다.

그러고 보니 최근에 나도 남성분들이 기분 좋게 술 마시고 상대방과 서로 붙잡고 공개적으로 키스하는 장면을 보게 되었다. 가슴으로 좋아하는 사람들은 늘 만나고 싶어하고, 매일 만나면서도 보고 싶어하면서 함께 하는 자리를 즐거워한다.

멤버 한 사람이 어느 날, 전국적으로 소문난 막걸리 집에서 번개팅을 하고 있으니 냉큼 오라는 전갈을 받고 수업이 끝나자마자 달려갔다. 나는 원래 '말술(말로만 먹는 술)'만 먹기 때문에 별 재미도 없을 것인데, 꼭 챙겨주는 분들이 있어 항상 고맙게 생각하고 무조건 복종하면서 달려간 것이다.

장소에 도착했을 때, 그 자리 동석자들은 이미 기분 좋을 정도의 상태로 취해 있었고, 나는 사람들의 광경을 지켜보면서 하나하나 재미있어라 했다. 일행 중에 술이 몇 잔 오고가더니, "진짜 좋아하는 형님!"이고, "정말 아끼는 동생!"이라면서 건배를 한 뒤, 한 사발 들이키고 술잔을 탁자위에 탁 내려놓았다. 자연스럽게 형님이 아우의 귀를 잡고 쪽 소리가 나도록 뽀뽀를 한다.

"하하하! 저 두 사람 또 시작이네."

두 사람 때문에 박장대소하고 있는 동석자들 앞에서, 두 사람은 형님이 멋지게 느껴질 때 아우가 형님에게 뽀뽀를, 또 동생이 '이쁜 짓' 할 때마다 형님은 아우에게 뽀뽀를 했다. 자연스럽게 몇 잔 의 술을 건배하면서 술잔을 내려놓을 때면, 형님과 아우는 귀를 붙잡고 귀엽고 사랑스럽고 존경스럽다는 듯이 애정을 담아서 뽀뽀를 여러 번 하는 것이었다.

두 사람이 웃으면서 뽀뽀하는 모습은 어색함보다는 오히려 재미가 있어 정겹다. 옆에 있는 사람도 뽀뽀하는 광경을 지켜보면서 부러웠던지 갑자기 그 옆에 앉은 사람에게 장난삼아 두 귀를 잡고 뽀뽀를 해대었다. 그러자 당한 사람이 "거참! 소리 없이 오늘밤 당했네." 하면서 씨익 웃는다.

메르스 바이러스에 감염되어 사망한 자가 20명을 넘어서고 있는 가운데 우리 지역도 안심의 지역이 될 수는 없지만, 철저한 위생 관리로 자신의 건강을 챙기면서 마음의 안식처도 필요할 것으로 생각된다.

나쁜 생각이나 불길한 생각을 집중적으로 하게 되면, 생각하는 대로 현실에서 이루어진다는 말이 있다. 때문에 가능한 한 즐겁고 긍정적이면서 유쾌한 생활을 하며, 상황을 극복하고 대처하는 방법을 갖는 게 좋을 것이라고 본다.

## 24

# 믿을 만한 태몽

김유신 장군의 태몽이야기는 유명하다.

'별을 품에 안는 태수의 꿈', '금빛 갑옷 동자를 품에 안는 만명 부인의 꿈', '임신 20개월 후 영웅 탄생' 등으로, 김유신이라는 위인의 탄생과 관련된 길조몽吉兆夢을 보면 비범한 인물을 예견할 수 있게 하고 있다.

월드스타 김윤진의 어머니는, 길을 가다 번쩍거리는 다이아몬드 한 덩이를 줍고 '이게 웬 떡이야.' 하고 놀라 꿈에서 깨어나자마자 잉태한 것을 알게 된다. 영화배우 최민식의 태몽은 아주 큰 도마뱀이 어머니 치마 속으로 기어들어왔단다.

또 보통 능구렁이 태몽은 아들일 가능성이 큰데, 심은하는 무시무시한 커다란 능구렁이가 어머니 몸을 칭칭 감는 태몽으로 태어났다고 한다. 그래서 심은하의 어머니는 아들이건 딸이건 큰 인물이 될 자식이라는 걸 진즉에 알았다고 한다.

이렇게 큰 인물들이나 유명한 사람들은 심상치 않은 태몽으로부터 시작되는 사람들이 많다. 물론, 거창한 태몽은 꾸지 않았다 하더라도 훌륭한 분들은 얼마든지 많다.

1992년 1월, 추운 겨울인데 베란다에 진분홍 철쭉꽃이 한 아름 큰 화분에 활짝 피어 있었다.

"어머나! 이 겨울에 무슨 철쭉꽃이 피었을까? 얼어 죽으면 어떡해."

커다란 화분을 낑낑대며 거실 안으로 안고 들어왔다. 꿈이었다.

시아버지가 사시던 시골집에 갔다. 집은 사라지고 집이 있던 곳에 작은 연못이 있었다.

"어머나! 언제 여기에 연못이 생긴 거야?"

연못 속을 들여다보니 물이 너무 맑아서 물밑에 있는 자갈들이 훤히 보였다.

"어머머, 보석들이네? 너무 예쁘다. 무슨 보석이 연못에 이렇게 많지?"

자갈 옆에 반짝거리는 보석들이 햇빛에 반사되어 있는데 예뻐서 손으로 주웠다. 손에 넘쳐서 치마에 주워 담아왔다. 역시 꿈이었다.

친정엄마가 밭에서 배추밭을 메고 있어서 밭으로 갔다. 뾰족한 호미에 흙이 묻은 반지가 하나 딸려 나오자 내게 주면서,

"야! 이게 뭐냐? 너나 가져라."

하면서 흙 묻은 반지를 주셨다. 나는 흙이 묻은 반지를 손가락에 끼고,

"엄마! 반지네, 반지."

하면서 반지 알을 바지에 쓱쓱 문질러 닦고 손등을 보이며 엄마에게 말하자, 알에서 빛이 하늘로 솟았다. 그러고 보니 모두 태몽이었다.

나는 아들 둘을 낳은 상태였기 때문에 틀림없이 딸을 낳는 꿈이고, 기가 막힌 딸을 날 것 같은 예감에 기분이 들떠 있었다. 그런데 아파트에 새로 입주하면서 동네 부인들은 나를 가만두지 않았다. 태교에 신경 써야 하는 나를 데리고 매일 10원짜리 고스톱을 치자고 우리 집으로 몰려왔다. 나는 열 달 내내 고스톱을 치며 태교를 한 정말 형편없는 엄마가 되었다.

92년 10월에 나는 딸을 낳긴 낳았다. 동네 사람들은 내

가 딸을 축하를 해주었지만, 모두들 한마디씩 했다.

"검정 털옷만은 입히지 마소."

"아무래도 검정 털옷을 입히면 오랑우탄 닮았다고 할 것 같은데?"

하면서 놀려댔다. 딸은 커갈수록 더욱더 못생겨졌다. 나는 최고로 예쁜 공주 옷을 입히고 싶었지만, 입혀놓아도 어울리지 않아 속상했다. 머리손질을 하고 깔끔하게 차려입은 딸을 데리고 길거리에 나가면,

"아주머니 딸이에요? 그런데 왜 그렇게 하나도 안 닮았어요?"

하면서 사람들이 내 속을 더 뒤집어놓았다.

태몽에 대한 기대가 컸기 때문이었던지 나는 정말 다른 아이들 보다 딸이 다른 면이 있기를 간절히 바랬다.

다른 아이들보다 특별하다고 생각했기 때문에, 또 오빠들과 노는 행동이 남자애 같아서 여자아이들이 하는 것보다는 남자아이들과 성격이 맞았다. 그래서 특공무술이나 합기도 등을 배웠다. 물론 학교에서 노는 것도 오빠들에게 배워서인지 총싸움이나 남자아이들이 노는 것 쪽에 더 흥미를 가지고 놀았기 때문에 그 쪽이 정석에 맞는 줄 알았다.

그래서 엄마는 나를 미술학원이나 피아노 학원 같은 곳은 아예 보낼 생각을 하지도 않았다. 딸은 어려서 유치원 다닐 때부터 이해 부족에 멍청하더니, 초등학교에 들어가

서도 멍청해서 항상 뒤에서 일등을 차지했다. 나는 속상해서 알아듣든지 못 알아듣든지 얄미워 일본말로 대화를 하기 시작했다. 아쉬우면 일본어라도 배워서 쓰든지, 아니면 하나라도 알아듣기라도 하라고 얄미워서 시작한 행동은 엄마로서의 해서는 안 될 최악의 오기였다. 나중에 안 사실이지만 대학 졸업 후 딸은 직장생활을 하면서 어렸을 적 배웠던 일본어가 회사에서 큰 역할을 할 줄은 꿈에도 몰랐었다고 했다.

그러다가 초등학교 6학년 어느 날, 입으로 부는 오르간으로 웨딩마치를 치고 있는 딸아이를 발견하고는 어디서 배웠느냐고 물었더니 그냥 친다고 하면서 자연스럽게 말을 하는 것이다.

그래서 피아노 배울 거냐고 물었더니 보내주면 가겠다고 하여 피아노 학원을 보내게 되었는데, 3일 만에 바이엘 한권을 다 떼고 왔다.

피아노 선생에게 전화가 왔다.

"따님이 아무래도 절대음각인 것 같아요. 다른 애들보다 청음이 3배 정도 돼요 그래서 내일부터 체르니 40번 시작할 건데 괜찮죠?"

그러는 것이다. 그러니까 딸아이는 악보보다 선생이 치는 소리를 듣고 피아노를 친다는 것이다. 그제서야 나는 비로소 태몽에 대해서 다시 생각을 했다.

'그래, 다른 애들과는 다를 거야.'

체르니 40번도 한 달 만에 끝내고 베토벤 모차르트 쇼팽 등등 중학교에 들어가서 피아노를 배웠다. 나는 딸아이가 예술적 소질이 있다는 것을 알고 실용음악 교수를 소개받아 편곡을 할 수 있도록 개인 레슨을 시켰다.

그리고 딸아이는 예술고등학교를 들어갔는데, 피아노 악보 보는 것이 서툴다는 이유로 레슨 선생에게 매일 꾸지람을 듣다가 1학기를 마치고 피아노를 그만두고 말았다.

피아노를 그만둔 것을 알고 판소리 명창이 딸아이의 목소리가 맘에 든다 하여 판소리 쪽으로 유도하여 딸아이는 다시 판소리 공부를 한 학기 하였다. 제법 목소리가 명창으로서 갖춰줬다. 그러다가 고등학교 1학년을 마치고 딸아이는 내게 와서

"엄마! 아무래도 내가 예술 공부를 한다면 나중에 빛을 못 볼 것 같으니 학교를 전학시켜주면 좋겠어."

하길래 나는 기절초풍했다.

어느 학교에 가고 싶으냐고 물으니 친구들이 다니고 있는 한 정보고등학교에 가고 싶다는 것이다.

수소문 끝에 전학을 시키기로 했는데, 예술고등학교에서 전학 보내지 않으려고 온갖 횡포를 부렸다. 정보고등학교 측에 사정사정하여 겨우 입학을 시켰다.

그렇게 정보고등학교에 입학하여 나는 딸아이가 공부를 열심히 하는 줄 알았다. 그런데 다시 초등학교 시절로 돌아간 듯 성적은 뒤에서 일등을 차지하였다. 그리고는 아주

열심히 놀았다.

대학교에 갈 곳이 없을 정도로 정말 열심히 놀다가 대학 진학을 하기 위해 진학담당 선생님을 찾아가

"선생님! 저는 ○○대학교를 다니고 싶으니 ○○대학교에 원서를 써주세요."

기세당당하게 말했다.

"야, 너는 ○○대학교는 어림도 없고 그냥 단과대학이나 다닐 수밖에 없다. 니 성적 좀 봐라. 이래서 되겠냐?"

선생님은 한심하게 딸아이를 쳐다보며 말씀하셨다.

국제 일러스트 대회가 서울 엑스포에서 열렸다. 딸아이는 친구들이 등록하자 무작정 친구 따라 강남 간다고 아무 생각 없이 지원을 했다. 그리고 또 놀았다. 시험을 하루 앞두고

"너 대회 준비는 잘 하고 있냐?"

선생이 걱정스런 표정으로 물었다.

"무슨 준비요?"

딸은 시험 자체도 포기하였다. 아니 시험에 대한 관심도 없었다. 참으로 한심한 딸을 바라보며 선생은 딸아이를 데리고 색연필로 음영이나 색채 섞는 방법 등을 약 두어 시간 연습을 시켰다.

다음날 시험을 보러 서울로 갔는데, 시험장에서 나비가 있는 인상 깊은 그림을 보고 화장품 섀도우 펄을 이용해

창작한 그림을 나름대로 그리고 있었다. 심사위원이 자꾸 와서 쳐다보고 가기에 '내 그림이 이상한가?' 하면서 제출했다.

시상식이 거행되었지만 딸아이는 참가상조차도 받지 못한 채 남아 있었다. '내가 무슨 상을 받겠어.' 포기하고 친 구들에게 집으로 가자고 하며 시험장을 나왔다. 그 때 뒤에서 딸아이 이름을 부르는 소리가 나 뒤를 돌아보니, 전광판에 딸아이의 얼굴이 비춰지며 금상 수상자로 발표가 난 것이다. 그림은 배운 적도 없었는데 타고난 소질이었는지 아무튼 금상을 받고 상패와 상금을 받은 후, 보란듯이 특기적성으로 ○○대학교에 입학하는 영광을 얻게 되었다.

대학을 졸업하자 나는 또 걱정이 앞섰다. 뷰티 디자이너과를 나와서 무엇을 해서 먹고 살 것인가? 자격증은 많이 취득했으니, 하다못해 피부과병원에라도 취직하면 어떻겠느냐고 했더니 작은아들이, 엄마는 딸 장래를 망치고 싶냐면서 서울로 보내라고 했다.

서울에 올라가서 면접시험 준비를 했고, 1년여 작은 중소기업 입사하여 나름대로 본인의 능력을 발휘시키면서 해외 출장 등 열심히 하다가 지금은 뷰티와 관련된 어느 유명한 회사의 상품기획팀에서 열심히 일하고 있다.

태몽 꿈에 대해서 알아봤더니, 보석은 '예술적 소질이 있는 자녀를 둔다'라고 되어 있다. 그래서인지 딸도 예술적 기질은 있는 것 같다. 연예인이 꿈이기도 한 딸은 여전히 그 분야에 대해서 미련을 못 버리고 있다.

꿈을 잘 꿨다고 해서 자녀가 잘된다는 보장은 없다. 내가 아는 지인은 아들을 낳기 전 태몽을 꿨는데 용이 하늘로 올라가는 꿈을 꾸고 낳았다고 했다. 그런데 지금 그 아들은 나이가 37살인데 아직까지 평범한 공장에서 일하는 사원으로 있다.

나는 딸아이가 공부를 못했어도, 단 한 번도 왜 공부를 하지 않느냐고 꾸지람은 한 적 없다.

"태몽을 잘 꿨기 때문에 너는 반드시 훌륭한 사람이 될 거야."

속은 뒤집어졌어도 말은 용기를 줬다.

다만 바르게 살고, 인간관계에 대해서는 진실해야 하며, 지키지 못할 약속은 하지 말라고 했다.

아르바이트도 백화점이나, 판매점에서 할 수 있도록 했다. 왜냐하면, 고객과의 대응, 친절에 대한 매너 등은 백화점이나 판매점을 따라올 곳이 없기 때문에 사회생활을 할 경우 큰 보탬이 될 것이라는 생각에서였다.

다행히 딸은 내 뜻을 잘 따라주었기에 현재 적응을 잘하고 있는지 모르겠다. 잘난 아들딸이 더 좋은 것은 사실 이겠으나, 나는 평범하면서 진실하고 착하게 사는 것이 더 좋겠다는 생각이 든다.

최근 부모들은 조급하다. 우리 아이들이 최고여야 하고, 최고의 대학에 최고의 직장에 취직해서 은수저 금수저를 꿈꾸고 살 수 있도록 하는 기대가 크다. 그러다 보니, 청소년들의 부담이 점차적으로 커져서 N포 세대까지 등장하고, 사회적으로 심각한 문제가 발생하고 있다.

젊은이들에게는 꿈을 실어줘야 하고, 용기를 북돋아 주고 칭찬을 아끼지 말아야 할 것이다. 그래야 본인의 능력을 발휘해서 도전의식을 가할 수 있을 것 같다는 생각을 한다.

## 25

# 한 지붕 두 여인

"여보! 사진 이쁘게 찍어줘요."

"아니 자기야, 그런 각도 말고 슬림하게 찍어줘요!"

캄보디아 여행길에서 두 여인이 한 남자에게 말하는 소리다. 호텔 체크인을 할 때, 여성 두 명과 남성 한 명이 한 방을 쓰는 것을 보고 우리들은 의아해서 서로들 얼굴을 바라보며 어깨를 으쓱거리며 눈빛으로는 상황을 알 수 없다는 듯이 서로가 공감했다.

세 사람의 관계에 대해서는 같이 간 일행들 간에 상당한 관심사였기에 모두들 수군거렸다.

“어느 분이 진짜 부인이야? 욕심 많게 생긴 여자가 작은 부인인가 봐.”

“혹시 형제간인가? 아무리 형제간일지라도 어떻게 한 방을 쓸 수 있지?”

나는 궁금함을 도저히 참을 수 없어 그들에게로 다가가 자연스럽게 말을 붙였다.

곱상하고 얌전하게 생긴 여성에게 먼저 다가가 말을 붙였을 때, 그 여성은 작은 목소리로 미소만 띄우며 조용하게 대답했다.

“한 집에서 살아요.”

한 집에 같이 산다니, 무슨 뜻인가?

그 여성은 더 이상 말하기가 곤란한 듯 덥다면서 손수건을 꺼내 땀을 닦고는 그늘을 찾아 잠시 쉬었다.

저만치 뒤에서 클레오파트라를 연상케 하는 단발머리를 한 여성은 남성의 팔에 매달리다시피 몸을 기대서 응석을 부리며 걸어오고 있었다. 그녀를 보고 우리 일행은 이번에도 자연스럽게 그들에게 말을 붙였다.

“왜 한 사람은 떼어놓고 둘만 사이좋게 다녀요? 더운데 좀 떨어져 다니지 자석처럼 철썩 달라붙어서…….”

“우리 형님 어디 계셔요? 그렇잖아도 찾았는데…….”

얌전하고 다소곳한 여성은 큰 부인이고, 애교 많고 붙임성 좋은 여성은 작은 부인이라고 했다.

같이 간 일행 중에 부부와 함께 여행 온 남성들은 하나같이 부러운 표정이다. 여성들의 마음은 도둑놈 심보 같다고도 하고, 남성들의 마음은 능력 있다고 부러워하기도 하고, 또 재력가라서 능력대로 두 부인을 데리고 사는가? 등등의 나름대로의 상상을 해가면서 힐끗힐끗 쳐다본다.

나는 저들을 보면서 중국의 4대 기서 중 하나인 금병매金瓶梅를 떠올렸다.

『금병매』라는 제목의 유래에는 두 가지 설이 있는데, 첫 번째는 서문경의 여섯 부인 가운데 다섯째 부인 반금련潘金蓮, 여섯째 부인 이병아李瓶兒, 반금련의 몸종인 춘매春梅의 이름 가운데 글자를 하나씩 땄다는 설이고, 또 하나는 금金은 돈을, 병瓶은 술을, 매梅는 여색을 상징하는 함축적인 제목이라는 설이라 한다.

금병매의 이야기는 서문경이 쾌락을 위해 온갖 악행을 저지르는 경과를 중심으로 해서 그의 주위를 둘러싸고 있던 여러 여자들의 일상을 통해 당시 사회에 만연했던 부패상을 여실히 보여주고 있으며, 여섯 여인과 한 남자의 사이의 사랑을 둘러싼 가정 내 암투가 그려져 있다. 현대판 한 지붕 두 여인을 보고 저들의 생활은 어떨까? 몹시 궁금했다.

중소 기업인들의 포럼 행사가 있어 내빈으로 초대되어

행사장에 도착하여 보니 내 자리는 도지사님 옆자리였다. 도지사님과 한참을 이런저런 이야기를 하다가,

"전북이 가장 못살고 낙후되어 있기 때문에 정책을 두어 가지 말씀드릴까요?"

하고 웃으면서 말했다. 무슨 정책이냐고 하길래

"전북에만 일부다처제를 두는 것입니다. 왜냐하면 인구가 점점 줄고 있으니 다처를 두어 자녀를 많이 낳게 하면 인구가 늘어날 것 아닙니까? 단 능력 있는 재력가여야 먹여 살릴 수 있으니 능력 있는 자는 전북으로 다 오게 하는 정책 말입니다."

했더니,

"꼭 꾀를 내도 죽을 꾀만 내 주네. 그럼 다른 하나는 뭔데?"

하신다. 다른 하나는

"전북은 어차피 못사니 청정지역으로 묶어버리는 것이죠. 공장유치보다 관광유치를 해서 쉬어가는 곳, 전북하면 어디를 가든 친정집에 온 것 같은 편안한 고향 같은 곳으로 만들어버리는 것이죠."

했더니, 이 말에는 약간 생각을 하시는 듯했다.

건배 제의를 받아 일어서서 방금 도지사님과 대화를 나눈 것 중에 일부다처제에 대해서 설명하고 전북을 일부다처제 정책으로 바꾸는 것에 대해서 어떻게 생각하느냐고 관중에게 물었다. 남성보다는 여성들이 더 환호했다. 도지

사님은 그 날 하도 어이가 없어 웃고 말았다.

일부다처제가 전통적 풍습으로 내려온 국가가 있는가 하면, 일부일처 제도를 그 사회의 엄격한 도덕률로 정하고, 간통죄를 두어 격렬한 일부다처 축첩행위로 부도덕하게 여기는 논쟁을 하는 사회가 있다. 정말 다양한 풍습에 어우러져 살아가는 사람들. 그들의 삶에 있어 옳고 그름의 기준을 어디에 두어야할지 혼란스럽다.

과유불급過猶不及이라 했다. 정도가 지나친 것은 오히려 모자란 것만 못하다는 뜻이니, 남들 사는 것처럼 평범하게 살아가는 것이 삶의 지혜이고 가정의 평화가 아닌가 싶다.

# 26
# 왕년의 화류계

"술 한 잔 하시죠."

"제가 말술 아니면 상대를 안 하거든요."

나는 맥주나 소주를 마시면 눈에 궤양증상이 나타나기 때문에 술을 마시지는 못하지만, 곧 죽어도 깨갱한답시고 말술 아니면 상대를 안 한다고 했다. 처음에 사람들은 정말 예전에 말로 팔던 술 한 말 정도를 마시는 줄 알고 맥주를 박스째 들고 와서 마시자는 사람들이 있었다. 내게 있어 말술이란 말로만 먹는 술이라는 뜻이다.

말술이어서 재미없을지라도 모임장소에서 선불리 빠져나올 수 없기 때문에 동석했다가 자연스럽게 인사를 하고 나오는 경우가 많은데, 내가 술을 거절하고 올 때마다 참으로 난감할 때가 많다.

가끔 남성들은 술을 몽땅 마시고 나서 다음날 술을 거절할 때 쓰는 용어가 있 다 .

"나도 왕년에는 화류계에서 많이 놀았지. 이제는 화류계 청산하고 조신하게 살아야겠어. 자식 놈 장가도 보내야 하고 하는데 일찍 죽으면 안 되잖어? 하하하!"

"그렇지. 나도 왕년에는 화류계에 몸담았다가 이제는 은퇴한 지 꽤 되네."

여성들은 술을 권할 때 화류계라는 용어를 쓰지는 않지만, 나이 먹고 뚱뚱해졌을 때 화류계 생활이라는 말을 종종 쓰기도 한다.

"내가 왕년에 잘나갈 때는 화류계 생활을 쫌 했지. 화류계에 드나들 때는 남성들 혼을 빼놨었어. 지금도 나를 보면 화류계 생활 좀 했겠고만, 하고들 말하는 데 아직 이만하면 쓸 만하다는 이야기지? 그치?"

가끔 지인들과 대화를 하는 도중에 이런 이야기를 들을 때마다 뭐라고 말을 해야 할까 고민을 할 때가 많다. 어쩌다가 저런 이야기들을 서슴없이 하게 되었는지 그 이유를 알 수 없지만, 상대를 웃게 하려고 하는 농담은 분명하다.

그러나 농담일지라도 뜻은 알고 가야 하지 않을까 싶다.

화류계가 등장하게 된 것은, 17세기부터 성을 관리하는 일본 공창公娼의 역사부터 시작이다. 공창과 함께 사창私娼도 슬그머니 생겨 사회적 문제인 남녀의 성비 해결에 기여하게 되었다. 문제는 일시에 객들이 들이닥쳤을 때 유녀가 부족한 경우였다. 시계가 있으면 시간을 정하면 간단했겠지만 시계가 없던 시절이었다.

하룻밤 즐기는 것이 아니라 잠깐 짬을 내서 여자를 살 경우에 길이를 측정하는데, 손님과 포주 사이 다툼의 소지가 있었기 때문에 고민 하던 중에 절에서 공양드릴 때 쓰는 선향 한 개비가 어림잡아 15~20분 정도 할 것이라는 것을 계산해 향 숫자로 시간 개념을 따졌다.

일본의 3대 유곽지는 일찍부터 역사와 전통을 자랑했는데, 오사카의 신초新町 에도의 요시와라, 교토의 사마바라이다. 유녀의 거주지인 유곽은 임진왜란 발발 3년 전인 1589년 도요토미 히데요시가 교토의 야나기초柳町에 처음 만들었다. 이후에 버드나무와 꽃이 어우러져 있는 시마바라島原로 이전하였다.

흔히 홍등가를 화류계라고 하는 것은, 바로 버드나무와 꽃의 거리 시마바라에 유녀들이 거주하게 된 데서 비롯되었다고 했다. 일본의 유녀들 중에는 서열이 피라미드형 상하로 구성되어 있으며, 다유太夫 또는 오이란花魁으로 불려

졌다.

다유가 거처하는 저택인 숙소와 머리올림 스타일은 일반 하찮은 유녀들과는 격을 달리했다. 다유 이외의 상급 유녀를 눈 속의 매화처럼 눈부신 미녀라고 하여 설중매雪中梅라고 불렀다.

그러나, 게이샤는 유녀가 아니다.

게이샤는 성을 전문적으로 파는 유녀와는 달리 오로지 가무와 경쾌하고 재치 있는 대화로 벼락부자나 정치가들을 매료시키는 데 능수능란한 정통게이샤로서 명부를 별도로 만들어 특별 관리를 하였다. 만약 매춘 행위를 하다가 발각되는 경우에는 가차 없이 발가벗긴 채로 내쫓겼다. 이와 같은 엄격한 감시와 통제가 인간 문화적인 게이샤를 배출하게 되었고, 요시와라의 명성을 존속시켰다.

일본의 제국군대가 조선에 들어오면서 일본의 공창제도는 우선 조선내의 일본인 거류지에서 시작되었다. 한국이 일본 강점기를 통해 겪어야 했던 성 수난의 역사는 결코 정신대에서 시작되는 것이 아닌 것이다.

더욱 어처구니없고 울화통이 치미는 것은 한국 측이 위안부와 정신대 문제를 혼동하고 있다는 일본 식자들의 지적이었다. 데이신挺身이란 일본어의 뜻은 스스로 몸을 바쳐 일한다는 것이고, 정신대 즉 데이신타이挺身隊는 스스로 몸을 바쳐 일하는 무리로 해석할 수 있다.

일본은 2차 세계대전 중에 약 5만여 명 정도의 한국 부녀자들을 강제로 끌고 가 종군 위안부에 집어넣어 성적도구로 충당했다.

위안부 출신이었던 한국 여성 세 명이 그에 대한 보상청구 소송을 제기했을 때도 배상문제는 이미 끝난 이야기이며, 일본 정부와는 상관없는 당시의 공창제도의 일부였다라고 하면서 철면피한 주장만을 되풀이하였다.

아무리 일본의 유곽에서 나온 화류계라는 용어일지라도 여성들에게는 수치요, 정신적으로 피해를 입은 것만은 사실이다. 그렇기 때문에 점잖은 분들이 농담일지라도 화류계라는 용어는 삼가야 하지 않을까 하는 생각이 드는 것은, 그 뒤의 배경이 그다지 행복한 삶으로는 보이지 않았기에 가슴 한 켠에 씁쓸함이 남아서였다.

## 27

# 효도랍시고

외할머니는 키는 작았지만 앙증맞고 귀여운 모습을 지녔다.

17살에 시집을 가서 2남 2녀의 자녀를 낳은 상태였지만, 외할머니는 36살 젊은 나이에 큰딸인 나의 친정엄마를 19살에 28살 노총각 장남에게 시집을 보냈다. 큰딸을 시집보내놓은 뒤 외할머니는 딸 둘과 아들 하나를 더 낳아서 3남 4녀를 두었다.

외할머니의 셋째 딸이 태어난 같은 해에 친정엄마는 큰

오빠를 낳았다. 그 뒤로도 외할머니의 자식들이 태어날 때마다 친정엄마도 아들 하나와 딸 하나를 더 낳았으며, 아들 둘을 더 낳아서 5남 1녀가 되었다. 그러니까 셋째 이모는 큰오빠와 나이가 같고, 막내 삼촌은 작은오빠와, 막내 이모는 나와 나이가 같아 우리는 형제처럼 지냈다. 그래서 친구나 형제처럼 이름을 부르다가 외할머니에게 꾸중을 몇 번 들은 이후 이모나 삼촌이라는 호칭으로 바꾸어 부르기 시작했다.

우리 집은 내가 초등학교 시절까지 우산공장을 경영했는데, 삼촌과 이모들은 모두 이 공장에서 우산 만드는 일을 하며 부유한 생활을 하였다.

그런데 어느 날, 중간 바이어가 사기를 치고 행방불명되는 바람에 우리 집은 하루아침에 쫄딱 망해버려 오고 갈 데가 없는 신세가 되었다.

할 수 없이 우리 가족은 단칸방인 외갓집으로 이사를 가게 되었고, 삼촌들과 이모들은 취직자리를 찾아 부산이나 울산으로 떠나야 했다. 남아 있는 가족은 외할머니와 부모님, 그리고 막내 삼촌과 이모, 우리 형제 6남매를 포함하여 11명이 좁디좁은 방 한 칸에서 생활을 해야 했다.

아버지는 너무 어이없는 상황에 한심하다고 여겨졌던지

어린 자식들을 남겨두고 자살시도까지 했다. 결국엔 도저히 토끼 같은 자식들이 눈에 밟혀 죽을 수가 없었던지 새 삶을 찾고자 온갖 궂은일을 다 하셨다. 아버지는 다행히 우산공장을 하셨던 경험이 있어 마을의 논을 싼 값으로 빌렸다. 비닐의 보온성을 이용한 하우스 재배로 채소를 길러내는 아이디어를 가지고 농업인으로 서서히 안정을 되찾았다.

그러는 사이에 우리는 성장했고, 아버지는 큰사위로서 삼촌들과 이모들, 우리 형제 5남 1녀까지 모두 결혼시키고 나서 10년 전에 돌아가셨다.

칠순이 가까워오는 삼촌들과 회갑을 맞은 이모들은 아버지가 돌아가신 이후로도 친정엄마를 부모처럼 여겨, 언제나 변함없이 깎듯하고 존경하는 마음으로 수시로 찾아왔다. 우리가 미처 챙기지 못하는데도 먼저 챙겨주는 마음 씀씀이가 좋았다.

어느 날 문득, 친정엄마가 혼자 계신 지 10년이나 지났지만 그 동안 살갑게 외로운 마음을 달래준 적이 없었음을 알고 정신이 번쩍 났다.

'한 번 가면 돌아올 수 없는 부모인 것을……. 자식이 내내 봉양하려 한다 해도 부모는 기다려주지 않나니, 그러므로 돌아가신 뒤에 소를 잡아 제사 지냄보다 차라리 생존해

계실 때 잘해드려야 할 텐데…….'

살아계실 때 한번이라도 더 챙겨드려야겠다는 생각에 매월 효도관광을 시켜드려야겠다고 마음먹었다. 친정엄마와 세 분의 이모님들을 자동차 한 대에 모시고 근거리부터 시작해서 구경시켜드리기 시작했다. 그렇게 한 실천이 벌써 2년이 다 되어간다.

운치 있고 산세 좋은 풍경을 찾아 드라이브를 하고, 조용한 찻집에 들러 전통차도 마시고, 바닷가 근처에서 신선한 회 한 접시에 그저 행복해하시는 걸 보니 내 마음도 뿌듯했다. 그리고 내가 참으로 무심했구나, 하는 심정에 눈물이 맺혔다.

친정엄마는 선머슴 같은 하나뿐인 양념 딸이 자주 찾아주지 않아서 늘 서운해 하셨다. 행여 다칠세라 아플세라 늘 챙겨주던 친정엄마의 얼굴에는 어느덧 주름이 깊게 패었지만, 당신도 젊은 시절에는 꿈이 많았던 소녀였었노라고 하면서 소주 한 잔을 들이키는 모습에서 나는 새삼 친정엄마도 젊고 꽃다운 나이가 있었음을 인정했다.

잠시 출렁이는 바다를 보노라니 유리창 너머 저편에서 여유를 부리며 낚시를 하는 사람이 눈에 들어왔다. 하늘과 바다가 사랑에 빠진 그 틈에서 낚시를 하는 저 사람의 마음은 어떨까?

인생 살다가 지친 어느 날, 오늘의 황홀한 석양과 바다를 떠올릴 수 있는 그 아름다움 아래 함께 했던 우리들의 고운 시간을 문득 떠올릴 수 있을까?

어둑어둑해진 밤바다를 등지고 근거리에 있는 해수 찜으로 자리를 옮겨 친정엄마 등을 밀어주는데, 야위어진 몸매를 바라보면서 울컥, 가슴이 뭉클하게 미어짐을 느꼈다. 어느 새 친정엄마는 가냘픈 체구의 여인이 아닌 노인네가 되어 있었다.

세월의 무상함은 왜 이리 슬픈 것인가?

'미워도 한세상~ 좋아도 한세상~' 친정엄마가 즐겨 부르던 노래가 생각나서 얼마 전 CD를 구매했었다. 노래를 따라 부르시며 그 시절을 회상하듯이 행복해하는 친정엄마의 표정이 차 백미러를 통해 보았다. 저렇게 좋아하면서도 어느 달에는 갑자기 이유도 없이 안 가시겠다고 우기기도 했다.

효도관광 시켜드린답시고 말하는 내가 부끄럽지만, 당연히 해야 할 일로 여기고 묵묵히 몫을 다해야겠다고 생각했다. 하루 정도 짧은 시간 함께 한 것뿐인데도 저렇게 행복해하는 걸 보면 자주 모시고 다녀야겠다는 생각을 하기도 했다. 올 설에는 1박 2일 코스로 온천이라도 다녀와야겠다고 생각한 것은 며칠 뒤였다.

오랜만에 친정집에서 친정엄마와 도란도란 옛이야기 나

누며 하룻밤을 지새웠다.

"도형아! 이 달에는 어디로 놀러가냐?"

아직 잠이 덜 깬 내게 큰이모에게서 밝은 목소리로 스케줄 관리해야 한다며 전화가 걸려왔다.

문예산문선 001

# 똥개는 짖어도 열차는 간다

**초판 1쇄 발행** 2017년 11월 23일

**기 획** 문예원 문예산문선 편집위원회
**글쓴이** 유도형
**그 림** 김이혼

**펴낸이** 홍종화
**편집주간** 박호원
**편집 · 디자인** 오경희 · 조정화 · 오성현 · 신나래
김윤희 · 이상재 · 김혜연 · 이상민
**관리** 박정대 · 최기엽

**펴낸곳** 문예원
**출판등록** 제317-2007-55호
**주소** 서울시 마포구 토정로 25길 41(대흥동 337-25)
**전화** 02) 804-3320, 805-3320, 806-3320(代)
**팩스** 02) 802-3346
**이메일** minsok1@chollian.net, minsokwon@naver.com
**홈페이지** www.minsokwon.com

ISBN 978-89-97916-90-0
SET 978-89-97916-89-4 04810

ⓒ 유도형, 2017
ⓒ 문예원, 2017, Printed in Seoul, Korea

저작권법에 의해 한국 내에서 보호를 받는 저작물이므로 무단전재와 복제를 금합니다.
이 책 내용의 전부 또는 일부를 이용하려면 반드시 저작권자와 민속원의 서면동의를 받아야 합니다.
이 도서의 국립중앙도서관 출판시도서목록(CIP)은 서지정보유통지원시스템 홈페이지(http://seoji.nl.go.kr)와 국가자료공동목록시스템(http://www.nl.go.kr/kolisnet)에서 이용하실 수 있습니다.(CIP제어번호: 2017029861)

※ 책 값은 뒤표지에 있습니다.
※ 잘못된 책은 바꾸어 드립니다.